PERCY BYSSHE SHELLEY

Prometeo liberado

Edición bilingüe de José Luis Rey

Traducción de José Luis Rey

CÁTEDRA
LETRAS UNIVERSALES

Título original de la obra:
Prometheus Unbound

1.ª edición, marzo de 2025

Diseño de cubierta: Diego Lara

Ilustración de cubierta: Joseph Severn, *Shelley componiendo*
«Prometeo liberado» en las termas de Caracalla (1845), detalle

PAPEL DE FIBRA
CERTIFICADA

© De la traducción, introducción y notas: José Luis Rey, 2025
© Ediciones Cátedra (Grupo Anaya, S. A.), 2025
Valentín Beato, 21. 28037 Madrid
Depósito legal: M. 25.153-2024
ISBN: 978-84-376-4869-9
Printed in Spain

INTRODUCCIÓN

El Romanticismo inglés y sus bifurcaciones

EL Romanticismo británico tiene como fecha inicial 1798. En ese año se publican las *Baladas líricas,* libro integrado por poemas de S. T. Coleridge y W. Wordsworth. En dicho libro fundador, se proponía (sobre todo por parte de Wordsworth) el habla coloquial como discurso idóneo para la poesía y el procedimiento de la «emoción recordada en la calma» como método a la hora de escribir poesía. También se establecía la necesidad (sobre todo por parte de Coleridge) de escribir con la sagrada Imaginación, que estaba por encima de la fantasía. Nos dice Coleridge en su esencial obra *Biographia literaria* lo siguiente:

> Considero la imaginación o bien como primaria o bien como secundaria. Sostengo que la imaginación primaria es la capacidad viva y agente principal de toda percepción [...]. La secundaria la considero como un eco de la primaria, que coexiste con la voluntad consciente y es idéntica a la primaria en el tipo de actividad, solo difiere en el grado y modo de su operación. Ella disuelve, difunde, separa para recrear [...]; intenta idealizar y unificar. Es esencialmente vital. [...]
>
> En cambio, la fantasía no tiene otra ocupación que lo fijo y lo definido. La fantasía no es en realidad más que una modalidad de la memoria, unida a y modificada por ese fenómeno empírico de la voluntad que solemos llamar arbitrio[1].

---

[1] Samuel Taylor Coleridge, *Biographia literaria,* Valencia, Pre-textos, 2010, en excelente traducción de G. Insausti, págs. 382-383.

Pero Coleridge no solo ofrece esta distinción entre imaginación y fantasía en tan importante libro para conocer el origen del Romanticismo inglés. En el capítulo 14 también advierte que, en sus conversaciones con Wordsworth, en el primer año de vivir como vecinos uno del otro, hablaban con frecuencia sobre dos puntos esenciales de la poesía (de la poesía que ellos querían hacer y lograr): fundir Naturaleza e Imaginación, de modo que se ganara la simpatía del lector mediante una adhesión realmente fiel a la verdad de esa Naturaleza, junto con el interés novedoso que aportaban los cambios de matiz y color de la imaginación:

> Se nos ocurrió la idea (no recuerdo a cuál de los dos) de que se podría escribir una serie de poemas de dos tipos. En uno de ellos los incidentes y los personajes debían ser sobrenaturales, al menos en parte; y la excelencia que se perseguía consistiría en interesar a los afectos mediante la verdad dramática de las emociones, que naturalmente acompañarían esas situaciones, si fuesen reales. Y en este sentido han sido reales para todo aquel ser humano que se ha creído alguna vez bajo el influjo de una fuerza sobrenatural. Para el segundo tipo de poemas había que escoger temas de la vida cotidiana: los personajes y las anécdotas debían ser los que pueden encontrarse en todo pueblo y sus alrededores[2].

Esta división metodológica que hace Coleridge resultó ser el fundamento teórico de las *Baladas líricas*. Como el mismo Coleridge llegaría a reconocer más tarde, se impuso en tal división la primacía del método de Wordsworth con sus primores de lo vulgar antes que el suyo propio basado en la más feroz imaginación. En resumen, *La Abadía de Tintern* pudo más que el *Anciano Marinero*. Tenemos, pues, a un primer poeta romántico en Inglaterra, Wordsworth, que triunfa con un lenguaje coloquial sin olvidar la primacía

---

[2] *Ibíd.*, págs. 387-388.

del yo (con razón su obra magna *El preludio* se subtitula *Crecimiento de la mente de un poeta*). Un yo lírico, el de Wordsworth, que se complace en la contemplación serena de la Naturaleza, escuchando en ella a menudo «la triste música de la humanidad» y advirtiendo también que «todo lo que vemos está lleno de bendiciones».

Coleridge quedó algo apartado en su época ante el genio arrollador de Wordsworth y su teoría del lenguaje coloquial para expresar los más sublimes sentimientos. Pero el defensor de aquel, tal vez inconsciente de serlo, llegaría en la segunda generación romántica inglesa, precisamente con Shelley, que adora el poder de la Imaginación simbólica para plasmar los más altos asuntos con un lenguaje evocador y fuerte desde el principio hasta el final. Shelley, podríamos decir, sí hizo caso a Coleridge y buscó el triunfo de lo simbólico, de lo alegórico mediante la imaginación transfiguradora de la realidad; todo esto lo vemos, sin ir más lejos, en el desarrollo de este poema suyo que nos ocupa, el *Prometeo liberado*.

Si la primera promoción romántica inglesa había surgido con dos grandes figuras que compartían los mismos sueños y muy diferentes caminos para llegar a ellos, la segunda generación del Romanticismo inglés, integrada por Byron, Shelley y Keats, también iba a provocar un cisma entre los dos poetas más fuertes (Keats y Shelley, quedando un poco al margen Byron), pese a la admiración que siempre tuvo Shelley por Keats, admiración que no fue recíproca.

Keats se sitúa en la «línea clara»[3] de Wordsworth, añadiéndole su característica fuerza cordial del arranque empático del poema. Shelley, en cambio, se sitúa en la estirpe de Coleridge, primando la voluntad de lograr una imaginación simbólica que hará de los personajes poéticos emblemas heroicos de alguna virtud que ha venido para ser ado-

---

[3] Expresión del poeta español Luis Alberto de Cuenca para definir una poesía sencilla en lenguaje y enunciación sin dejar de ser por ello hondamente evocadora y simbólica.

rada además de comprendida: Prometeo es la más alta creación simbólica de Shelley, junto a la figura de Adonais en la elegía por su rival estético Keats. Veamos cómo proceden ambos poetas. En primer lugar, Keats relumbra por su espléndida cordialidad:

A MI HERMANO GEORGE

Ay, cuántas maravillas he visto en este día:
he visto al sol secar todas las lágrimas
que llenaban los ojos de la aurora —
he visto también duques laureados
asomar por el oro de la ligera tarde, —
el océano vasto, su azul verde,
sus barcos y sus cuevas, su esperanza y su miedo, —
con su voz misteriosa que hace a aquel que la oye
pensar en lo que ha sido y aún será.
Querido George, ahora que te escribo estos versos
Cintia aparta cortinas de seda y nos observa,
tan escasa de ropa como en noche nupcial
y guarda la atisbada maravilla.
Si yo en ti no pensara, ¿qué serían
las maravillas de la mar y el cielo?[4].

Obviamente es Wordsworth el precursor de esta línea clara, incluso en el hecho de dirigir su poema cordial y coloquial a un hermano (a una hermana, Dorothy, interpelan varios poemas de Wordsworth). Aquí vemos cómo le habla, con qué dulce ánimo se dirige John Keats a su hermano George, para hacerle saber las innumerables maravillas que el poeta ve al cabo del día, las mismas que no quiere perder con el olvido y el sueño de la noche y por ello las fija en palabras hermosas, para no perder el prodigio de lo cotidiano, porque tiene, como diría más tarde Lorca, «miedo a perder la maravilla».

---

[4] Extraído de John Keats, *Poesía completa,* Córdoba, Berenice, 2022. Traducción de José Luis Rey.

Keats mira por el *aleph* de la Poesía y descubre un mundo de milagros cotidianos; incluso ve, en anticipación a Emily Dickinson, a los héroes que fuimos todos una vez, esos «duques laureados» que se asoman por el oro del crepúsculo. En su sencillez wordsworthiana también está su profundidad; el ver es amar y amar consiste, sobre todo, en el don de ver. Y todo ello ha de tener un destinatario. La poesía, insiste Keats, se escribe para alguien concreto (alguien que no es el autor pero que acaba siendo símbolo hermano del propio yo del poeta):

> Si yo en ti no pensara, ¿qué serían
> las maravillas de la mar y el cielo?

Keats es claro en lo que dice sin dejar de ser profundo, y así demuestra haber recibido y, en algunos casos, haber superado la herencia coloquial y emocional de Wordsworth. La herencia de Coleridge, en cambio, se revela con más precisión en Shelley. Ambos, Coleridge y Shelley, creían en la supremacía del Espíritu. Ambos querían, como dijera De Quincey de Samuel Taylor Coleridge, «un pan que no es de este mundo». La poesía de Coleridge y Shelley, con todo, necesita anclarse en el *aquí y ahora*: la contemplación de la escarcha a medianoche o la contemplación y fusión espiritual con el Mont Blanc. Pero tanto uno como otro trascienden ese *aquí y ahora* para elevar sus poemas a una celebración sublime, que queda ya lejos de la celebración aparentemente sencilla de Keats por haber caminado de puntillas sobre una colina.

Uno de los poemas de Shelley en apariencia más sencillos y, sin embargo, de los más complejos también, es su *Himno a la belleza intelectual,* que dice así en mi traducción[5]:

---

[5] En P. B. Shelley, *Donde están los eternos. Poesía selecta,* Madrid, Reino de Cordelia, 2021.

HIMNO A LA BELLEZA INTELECTUAL

1

Ahora la horrible sombra de un Poder invisible
flota, pero no visto entre nosotros, —
y visita este mundo tan diverso
con alas que le son tan inconstantes
como los vientos de verano que
van y vienen de flor en flor, gozando —
como rayos de luna que caen en la montaña,
ese Poder visita con voluble mirada
cada semblante y cada corazón;
como los tonos y armonías de la tarde, —
como nubes que pasan entre estrellas, —
como el recuerdo de una melodía, —
cual todo lo que puede por su gracia
sernos querido, y más por su misterio.

2

Espíritu de la BELLEZA, tú que todo consagras
con huella propia allí donde tú brilles
como en el pensamiento o forma humanos, —
¿dónde, dónde te has ido?
¿Por qué pasas dejándonos aquí,
en el valle de lágrimas, vacío y desolado?
¿Por qué la luz del sol no para siempre
tejerá el arcoíris sobre el río de montaña,
por qué nuestra semilla habrá de marchitarse,
por qué el sueño y el miedo, la muerte, el nacimiento
proyectan sobre la luz de esta tierra
tal tiniebla, — y cómo es posible
que el hombre pueda tanto:
sufrir amor y odio, esperanza y hastío?

3

No hay ninguna voz de un mundo más sublime
que haya dado respuesta a estas preguntas,
ni al sabio ni al poeta — y por tanto los nombres
de Dios y los Espíritus y el Cielo
quedan como el recuerdo de una gesta imposible,
o frágiles conjuros — cuyo encanto
dicho una vez no puede separarse
de todo lo que oímos, lo que vemos,
como la duda, la ocasión y el cambio.
Tu luz sola — tal niebla llevada por montañas,
o música traída por el viento nocturno
al tocar esas cuerdas de un tranquilo instrumento,
o luz de luna sobre un río de medianoche,
para el inquieto sueño de la vida
son gracia y son verdad.

4

Esperanza y Amor, y la Autoestima,
pasan como las nubes, prestadas un momento,
como si el hombre fuera inmortal, poderoso,
pero Tú,
a quien no conocemos y tememos,
con gloria te has sentado allí en su corazón.
¡Oh Mensajera de la compasión,
que crece y que decrece en los amantes —
Tú — nutrición del pensamiento humano,
como la oscuridad a una vela apagándose!
No te vayas de aquí como vino tu sombra,
no te vayas — no sea que la tumba
como el miedo y la vida llegue a ser
la oscura realidad.

5

Cuando yo era un chiquillo buscaba a los espíritus
por salones atentos, cavernas y ruïnas,

y bosques con estrellas, procurando con miedo
la esperanza de hablar con los muertos ya idos.
Y dije aquellos nombres que fueron el veneno
de nuestra juventud,
—ni fui escuchado — ni los vi tampoco—
y al meditar absorto en el destino humano,
en la época dulce en que el viento seduce
todo lo vivo que despierta y trae
noticias de las flores; — entonces, de repente,
vi tu sombra cayendo sobre mí;
¡en un éxtasis puro grité y di palmadas!

6

Y prometí el consagrar mi don
a ti y a todo lo que te concierne
—¿no he sido fiel, acaso, a esos votos?
El corazón me late, mis ojos están plenos.
Por eso ahora seguiré invocando
a espíritus de las horas antiguas,
a cada uno en su tumba sin voz;
porque ellos y yo, en salones umbríos,
con prevenido celo o el placer del amor
hemos sido vigías de la envidiosa noche —
ellos sabían mi alegría imposible
sin la esperanza de que Tú liberes
al mundo de su oscura esclavitud,
Pues tú — terrible HECHIZO,
darías lo que nunca pueden dar
ni decir las palabras.

7

Ya el día es más solemne y más sereno
después del mediodía — en el otoño hay
cierta armonía y relumbra el cielo,
con un brillo no visto ni escuchado
en el verano, ¡igual
que si no hubiera sido, que si no hubiera sido!

Pues deja que descienda tu poder,
como aquella verdad de la Naturaleza
bajó a mi juventud contempladora,
y concede la calma a mi vida que sigue —
la calma para mí, pues yo te adoro
a ti y a todo lo que se haga tuyo
porque te tiene en su interior a ti,
pues a mí, bello ESPÍRITU, tus conjuros me obligan
a temerme a mí mismo y amar la Humanidad.

Poema este tan característico de Shelley como el anterior lo es de Keats. La sencillez keatsiana frente a lo sublime de Shelley. Pero aunque Shelley vuela con el Espíritu no se olvida de anclarse también, a su modo, a la tierra. Y esto se ve en la estrofa quinta. Ahí nos dice P. B. Shelley que, cuando era niño, jugando bajo los muebles («generosos y horribles de la infancia», decía Claudio Rodríguez), corriendo entre las patas de la mesa, en esos «salones atentos», él ya tenía la esperanza de «hablar con los muertos ya idos».

La diferencia notoria entre ambos poetas y sendos poemas es que Keats *utiliza* la belleza intelectual, mientras Shelley *se dirige a ella*. El poema de Shelley puede parecer más complejo, porque no es lo mismo hablarle a George que a la Belleza en persona. Y, aun así, Shelley no se aleja demasiado, gracias a esa quinta estrofa, de las labores terrenales que, junto a las celestiales, constituyen el quehacer de un poeta.

Así, establecidos esos dos linajes del Romanticismo inglés, la línea clara Wordsworth-Keats frente a la alineación más imaginaria Coleridge-Shelley, observamos que los dos modos del proceder poético que ya en su *Biographia literaria* estableció Coleridge son dos modos de decir complementarios. No es menos sublime Keats por ser más sencillo y empático, ni tampoco es más abstruso Shelley por señalar de entrada que su asunto es el más alto asunto que pueda tratar un poeta: la Poesía misma y la figura sufriente de Prometeo como la del poeta mismo.

Percy Bysshe Shelley (1792-1822) fue un radical incon-formista desde su primera juventud, pero se formó en una tradición conservadora. Fue estudiante en Eton y Oxford. Sus antepasados habían sido aristócratas de Sussex desde principios del siglo XVII. Su abuelo, Sir Bysshe Shelley, se había convertido en el hombre más rico de Horsham, po-blación de Sussex. Su padre, Timothy Shelley, fue un ejem-plar miembro del Parlamento.

Percy Bysshe Shelley era delgado y extravagante, lo que po-dríamos llamar una *rara avis*. Sin gusto ni experiencia en los deportes, sufrió maltrato escolar. Y ello lo llevó tempranamen-te a luchar contra la violencia, la injusticia y la opresión. El ansia de libertad colectiva y, sobre todo, individual llevó a Shel-ley a ser un poeta político (más que social) y ello se reflejaría en poemas tan radicales y avanzados para la época como *La máscara de la Anarquía* o *La rebelión del Islam*. Shelley se pro-metió a sí mismo que llegaría a ser sabio, libre y justo, y que con esas armas lucharía siempre contra la tiranía y los tiranos.

Le obsesionaban los tiranos, si bien detestaba el uso de la violencia como medio de combatirlos. El famoso panfleto *La necesidad del ateísmo,* que había redactado junto a su amigo Thomas Jefferson Hogg, puso al poeta inglés en una situación muy arriesgada, dado que se enfrentó a la menta-lidad religiosa que imperaba en las aulas universitarias. Shelley se mantuvo firme en su opinión, demostrando que era un hombre de sólidos principios ya desde su más tem-prana juventud. Fue castigado y hubo de aceptar su expul-sión inmediata de Oxford. Su paso por la Universidad se redujo a seis meses. El desagradable episodio le distanció además de su padre ya para el resto de su vida.

Shelley, en Londres, pasa de un fracaso académico a un triunfo sentimental al enamorarse de Harriet Westbrook,

la dulce hija de un tozudo tabernero. El poeta se casa con ella en Edimburgo, pese a creer que el matrimonio no tiene ya cabida en una sociedad avanzada donde había de imperar el amor libre. Tenía entonces 18 años y su mujer, 16.

La joven pareja, que fue repudiada por sendas familias, se convirtió en un dúo de peregrinos enamorados que vagaba de un lugar a otro. En 1812 llegan a Dublín, dispuestos a sumarse a una nueva causa: el movimiento por la emancipación del catolicismo y la lucha a favor de los oprimidos y los pobres.

Es cuando vuelve a Londres el momento en que halla un panorama bastante hostil: la mayoría de sus amigos ahora lo ven como un ateo revolucionario e inmoral. Dos años después muere ahogada Harriet, embarazada de un amante desconocido. Shelley pierde la custodia de sus dos hijos. Se casa con Mary Godwin (quien se convertirá en Mary Shelley, famosa autora de *Frankenstein)* y en 1818 se mudan a Italia, y Shelley se siente como un pobre marginado, rechazado por la misma humanidad a la que había prometido consagrar su vida y su talento.

Ya para entonces Shelley se ha convertido en un ferviente discípulo de su nuevo suegro, el filósofo revolucionario William Godwin, cuyas obras querían lograr la justicia política. Antes de su boda con Mary, en 1813 Shelley publica en edición reducida y no venal su primer poema importante, *La reina Mab,* un poema visionario que intenta reflejar el viaje libre de un alma desencarnada por el espacio infinito, un alma a la cual la reina Mab revela el terrible pasado y el presente temible, pero también una utopía futura.

En Italia, los Shelley sobreviven yendo de aquí para allá, de un pueblo en otro, instalándose en diferentes casas. Percy tenía mala salud. Y no pudo aprovechar, por otra parte, la sustanciosa herencia de su abuelo, que gastó en gran parte en apoyar económicamente a su suegro, Godwin, al crítico Leigh Hunt y a otros autores, por lo cual era perseguido a menudo por acreedores.

La fuga y la boda de Shelley con Mary había molestado muchísimo al padre de ella, aunque este mantenía, en teoría, unas tesis libérrimas parecidas a los principios de Shelley, quien, por lo demás, se hace cargo de las deudas de su suegro. Entre 1818 y 1819, la pareja pierde a sus dos amados hijos, Clara y William.

Es en estas circunstancias tan duras como Shelley aborda la composición de sus mejores poemas. El autor ya había logrado grandes poemas, como el citado *La reina Mab*, y otros tan famosos como el breve *Mutability*. También había escrito *Alastor o el Espíritu de la Soledad,* un largo poema cuyo título evoca a «un genio maligno», lo cual no se corresponde con el sentido general del poema. Pese a no estar logrado del todo, Shelley, a sus 23 años, dispone ya de lo que será su habitual enfoque desde distintas perspectivas. *Alastor* es una alegoría, tal y como Shelley entiende este término: como un viaje de búsqueda y crecimiento espiritual, cercano al posterior *Bildungsroman* alemán.

En *Alastor* Shelley tiene una visión: contempla a un ser femenino que, a modo de espejo, le revelará cuanto hay en él de bondad, de idealismo y de imaginación. Así, el poeta se lanza a la búsqueda de tal ideal en el mundo cotidiano, pero su búsqueda está condenada a una temprana muerte. El poema entero está al servicio de la revelación de un gran Espíritu, que reverbera sobre «entre espíritus menores e insidiosos».

La mayoría de los seres humanos, como indica un visionario Shelley, está desprovista de cualquier proyección imaginaria que la lleve más allá de sí misma, y tal mayoría, pues, está «moralmente muerta». En este poema Shelley sienta ya las bases de su obra posterior: tiene la forma y el contenido, el concepto y la imaginería propia de la peregrinación y búsqueda espiritual romántica.

Su gran poema *Prometeo liberado* está escrito en 1819 y es publicado en 1820. El poema fue escrito en las ruinas romanas de Caracalla. Shelley lo considera lo mejor de su obra hasta el momento. Se basa en el clásico griego de Esquilo,

Prometeo encadenado. Volveremos a centrarnos en él. Pero ahora sigamos repasando las obras principales de P. B. Shelley. Obras como *Adonais,* que es junto al libro aquí estudiado el mejor poema largo de Shelley, la elegía por su compañero de generación, el joven Keats, muerto en Roma el 23 de febrero de 1821.

Shelley tenía a Keats en gran estima (lo cual, parece ser, no era recíproco, tal vez por los complejos de clase social y humilde origen que arrastraba Keats). El primero había definido al segundo como uno de «los mayores genios que han embellecido nuestra época». El nombre de Adonais deriva del Adonis de la mitología griega, el muchacho amado por la diosa Venus. Queremos creer que Shelley modificó ligeramente el nombre para crear su propio mito: el del poeta romántico muerto en la plenitud de su vida y su talento, como habría de acontecerles también al mismo Shelley y a Lord Byron.

Para cierta parte de la crítica, el *Adonais* de Shelley sigue el modelo de la elegía pastoral de Teócrito. Tanto en uno como en otro hay plañideras y se invoca a una musa doliente y hasta la Naturaleza participa del dolor. Pero Shelley incorpora un rasgo trascendente: la tumba queda atrás en virtud de la poesía y el Ser (que son lo mismo), por lo cual Adonais «no está muerto ni duerme».

Uno de los últimos poemas de Shelley es el inacabado *El triunfo de la vida,* que quedó sin terminar por la muerte del poeta en 1822. El título deriva de Petrarca y tiene el sentido del triunfo romano: el del general que entra victorioso en Roma precedido de soldados, botín y esclavos y prisioneros de guerra. Hay también influencia de Dante, en cuanto a la forma (Shelley usa por primera vez el terceto encadenado). Tanto Keats como P. B. Shelley dejan a su muerte un largo poema narrativo (*La caída de Hiperión: un sueño* y *El triunfo de la vida,* respectivamente).

Ambos llegan a la convicción de que la historia humana es una serie de penosas desdichas. Pero también hacen ver que ha

merecido la pena vivir. En Shelley, los cautivos desesperados que somos todos en la procesión de la Vida sentimos que hay un triunfo, en efecto, un triunfo de la vida sobre sí misma gracias a la poesía, que es siempre redención en Shelley. El poema, que acaba diciendo *Entonces, ¿qué es la vida?,* halla en sí mismo su respuesta. La unión de Amor y Poesía, que basta para Shelley (y para tantos otros poetas espirituales, como los dos mayores del siglo xx: Rilke y Juan Ramón Jiménez).

Shelley también escribió la brillante *Una defensa de la Poesía,* como negación del ensayo irónico de su amigo T. L. Peacock, *Las cuatro edades de la poesía,* en el cual su autor exponía que la poesía ya no era necesaria en el moderno siglo xix de la tecnología y la ciencia. Shelley vio lo sarcástico e irónico del libro de su amigo, pero supo ver también que, más allá de la broma, aquel era realmente el sustrato intelectual de los biempensantes ingleses de la época, por lo cual llegó a sentir que la imaginación y toda facultad bella del intelecto estaban en peligro. De ahí que escribiera *Una defensa de la Poesía.* Es famosa la frase final: «los poetas son los legisladores no reconocidos del mundo». De las tres partes que iba a tener el libro solo se escribió una, y apareció póstumamente, en 1840.

Una defensa de la Poesía fue considerado como un clásico durante mucho tiempo. Eliot y el *New Criticism* vendrían a cambiar ese estado de cosas, poniendo el foco de interés exclusivamente en el poema, sin considerar siquiera al poeta y sus posibles ideales. Pero el ensayo de Shelley aún tiene interés, pues habla de los paradigmas, la calidad y el valor que todo gran poema debe tener. Y en cuanto al término «poeta», tan controvertido, Shelley lo extiende a cualquier persona que sea creativa y vaya más allá de los, en apariencia, infranqueables límites de su época.

Una defensa de la Poesía es también una defensa de las visiones, de la vieja fe wordsworthiana que «es capaz de ver a través de la muerte», una defensa de la vieja evocación del esplendor en la hierba y la gloria en la flor; una demostración, al cabo, de que venimos de Dios arrastrando «nubes de gloria».

Shelley era platónico con toda su fe, y creía que hay un mundo de sombras y sufrimiento y otro mundo superior donde viven los Ideales. Por otra parte, también es cierto que siempre puso en valor el materialismo o empirismo filosófico, como el escepticismo de Hume. Así que tenemos, por una parte, a un Shelley idealista y a otro más escéptico: platónico en lo que se refiere a la Belleza (igual a la Verdad para Keats) y escéptico ante los comportamientos humanos más vulgares, contrario a «esa prosa del mundo», que fue siempre la antimateria de su poesía.

Ahora bien, si hubo algo que Shelley pudiera legarnos, su legado, que llega hasta hoy, es el de creer en la capacidad visionaria y liberadora de la Poesía. Para él, la poesía no es solo testimonio de lucha y arma de transformación espiritual; es, ni más ni menos, la ley que rige los planetas y al hombre. La poesía es una rebelión y una revelación, y además es la base de la verdadera moral.

«El mejor y el menos egoísta de los hombres», tal como lo definió Byron, murió en 1822 ahogado en su barco, el *Ariel,* junto a su amigo Williams. Sus cenizas reposan en el Cementerio Protestante de Roma, cerca de la tumba de Keats. Ambos nombres, Shelley y Keats, y el nombre pasajero de todo poeta que lo es de verdad, quedarán escritos en el agua.

«Prometeo liberado»

Resumen argumental

Este libro, este poema largo que tiene en sus manos el lector, fue compuesto en Roma entre 1818 y 1819. Shelley mismo lo definía como un drama con personajes y mecanismo insólitos hasta entonces. El modelo es Esquilo, cuyo *Prometeo encadenado* retrata el padecimiento del héroe de la Humanidad, condenado por robar el fuego a los dioses a permanecer atado al Monte Cáucaso, siendo torturado por un águila que comía su hígado.

De todo esto Shelley hizo un drama simbolista sobre el origen del mal y la capacidad de vencerlo. Esta capacidad radica en la responsabilidad de los hombres y mujeres del mundo, que han de rebelarse contra las circunstancias sociales, políticas y religiosas dirigidas a perpetuar ese mal. La guerra, el poder de los tiranos, el odio a los demás, todo ello es contra lo que lucha Prometeo. Shelley recuerda el cristiano Sermón de la Montaña.

Pero, incluso si Prometeo consigue al fin la libertad del género humano, lo difícil será gestionar esa libertad para que las Furias no vuelvan a encender malignamente el ánimo de los hombres. El poema es y no es una alegoría; lo es por cuanto tiene de alta enseñanza moral; deja de serlo en cuanto poema, en cuanto obra de arte en sí misma que establece el mito del «moderno Prometeo» (así había llamado Mary Shelley a su *Frankenstein).*

Escrito en forma de drama, el primer acto presenta a Prometeo encadenado al precipicio del Cáucaso. Ione y Panthea están a sus pies. Va amaneciendo lentamente. El discurso inaugural de Prometeo es exigente y valeroso, pues admite que su imperio es todo «tortura y soledad, burla y desesperación». Hay un enfrentamiento entre un *Tú* y un *Yo;* ambos pueden ser aspectos contrarios del mismo Prometeo o el enfrentamiento entre este y Júpiter.

En todo caso, aun siendo víctima de Júpiter, Shelley es tan genial que invierte la fórmula, haciéndonos ver que Júpiter es la verdadera víctima de un poderoso Titán, Prometeo, quien, torturado y encadenado es en sí mismo profecía de libertad futura para el género humano:

> y burla y desesperación: he aquí
> mi imperio, más glorioso que el que Tú
> examinas ahora desde el trono terrible,
> ¡oh Poderoso Dios! Más poder aún tendrías
> si yo fuera tirano junto a ti,

Pese al infinito dolor que se adueña del héroe, Prometeo se obliga a sí mismo a resistir hasta lo indecible, sin que haya cambio alguno durante siglos en su terrible condición. Wallace Stevens preguntaría más tarde si no caen nunca los frutos del árbol en el paraíso, si todo es inmutable en la eternidad. «Me dio sabiduría la miseria», afirma el Titán, que habla con y desde el sufrimiento.

Sabemos que Shelley había leído a Calderón, y algo de Segismundo hay en su Prometeo. Un héroe que asume su doloroso destino, pero sin dejar de buscar la verdad.

¿Cuál fue la maldición? Vosotros la escuchasteis.

Y responden cuatro voces, de las Montañas, del Aire, de los Manantiales y los Torbellinos, indicando cómo ha ido cambiando su suerte con la desgracia de Prometeo. Interviene la Tierra, lamentando dicha desgracia. El Titán quiere escuchar la maldición una vez más. La Tierra ama al héroe, a quien considera más que a los dioses, porque él es sabio y bueno. Prometeo es inmortal y desconoce un lenguaje importante: el que conocen los muertos.

La Tierra ama a sus muertos y sus vivos y, entre ellos, tiene un especial amor hacia Prometeo, a quien le revelará en este primer acto que es su madre. Prometeo le reprocha a la Tierra no tener su consuelo, como lo tienen los otros seres. Surgen después dos personajes claves: Ione y Panthea. Y también el Fantasma de Júpiter. El *Prometeo liberado* es un poema exaltado sobre la esencia del bien y la esencia del mal. Júpiter maligno y Prometeo benigno son uno al cabo. Pero la balanza ha de inclinarse del lado de Prometeo, que exige y logra esta respuesta del Fantasma de Júpiter:

> Y que apile tu alma, por dicha Maldición,
> fechorías y cuando estés ya condenado,
> verás el bien; pues bien y mal son siempre
> infinitos tal lo es el universo
> y tú y tu enemiga soledad.

Ione anuncia la llegada de Mercurio, mensajero de Júpiter, que trae las «perras de tormenta» que olfatean el universo hasta hallar a sus víctimas. Esas perras son las Furias, enemigas de Prometeo y de la Tierra. Pero las Furias son espantadas por Mercurio, que expresa al Titán la rendida admiración que le tiene:

> por una temporada me aparté de tus ojos
> y el Cielo parecía el mismo Infierno,
> y tu forma rasgada noche y día me sigue
> riendo y con reproches. Tú eres sabio y bueno,
> pero en vano retaste a Quien todo lo puede...

Prometeo desarrolla, en la respuesta que le da a Mercurio, su teoría de «la recompensa del Tirano», que abordaremos más adelante. Mercurio insiste en que no quiere cumplir las órdenes de Júpiter y le pregunta a Prometeo cuándo será el fin del reinado de aquel. El Titán solo puede decir: «Solo sé que algún día se acabará». Prometeo se mantiene en sus trece, mostrando firmeza y fe en sí mismo. Vuelven las Furias, Prometeo se enfrenta a ellas. Ione y Panthea se mantienen en un segundo plano, anunciando los cambios de escenario y de personajes.

Es largo el diálogo hiriente entre Prometeo y las Furias, entre el supremo Bien resistente y las muchas formas del mal. Hacen su aparición los Espíritus (almas de los hombres en todo lo que tienen de esplendor y belleza) para mostrar su apoyo a Prometeo. Ione y Panthea subrayan después la marcha de los benéficos Espíritus y Prometeo afirma y confirma su vocación de ser el que salva y protege a los hombres que sufren. Cierra el acto primero la intervención de Panthea, que anuncia al personaje de Asia, su hermana y la prometida de Prometeo, con quien se abre el segundo acto.

Asia da la bienvenida a la Primavera y dialoga con Panthea al principio del segundo acto. Pronuncia Asia uno de los más

bellos versos de Shelley: «The dream is told». Eso es toda poesía: un sueño que se recuerda y se cuenta. Intervienen también los Ecos, de cuyo hablar da cuenta Asia:

> ¡Óyelos! Así hablan los espíritus.
> Sonidos cristalinos de sus lenguas aéreas
> aún se oyen.

En la escena II Asia y Panthea entran en un bosque y hay dos faunos escuchándolo todo. Intervienen los Semicoros de Espíritus. Los faunos, sorprendidos por la belleza esencial de los Espíritus, se preguntan dónde vivirán estos, de qué lugar maravilloso vienen.

La escena III está dedicada al diálogo entre Panthea y Asia. Intervienen de nuevo, esta vez cantando, los Espíritus. La escena IV comprende el misterioso diálogo entre Asia y Demogorgon, quien afirma que todo lo creado fue hecho por Dios. Hay un largo y hermoso discurso de Asia, que está también entre lo mejor del poeta. Después dialogan Asia y Panthea, a quienes se suma, en la escena V, un Espíritu. Cierra el segundo acto Asia con estas hermosas palabras:

> Y las cuevas heladas de toda la Vejez
> y de la Madurez atrás dejamos,
> y el espumoso mar de Juventud,
> que sonríe al traicionarnos;
> y más allá del golfo de la Infancia
> poblado por los sueños,
> a través de la Muerte y de la Cuna,
> hacia un día divino; paraíso de cúpulas
> encendidas por flores tan atentas,
> y caminos de agua que discurren
> por entornos salvajes, calmos, verdes
> y llenos de figuras deslumbrantes;
> y descansar así, tras la contemplación,
> como tú de algún modo; ¡como tú
> que andas sobre el mar y cantas melodías!

El acto III comienza en el Cielo, con Júpiter en el trono, junto a Tetis y los otros dioses. Júpiter se jacta de ser todopoderoso, si bien admite que aún hay algo reacio a su poder e imposible de conquistar: el alma humana. Hay una enigmática intervención de Demogorgon, que afirma ser la Eternidad. Se produce la caída y el derrocamiento de Júpiter, hecho que comentan en la escena II Océano y Apolo.

El momento clave del acto III es la escena III, cuando Hércules libera a Prometeo, quien da las gracias y promete a Asia y sus hermanas no separarse ya más. El largo discurso del Titán liberado, que revela su confianza en que solo el amor triunfará y que lo hará, como dijera Wordsworth, acompañado del lenguaje nuevo de los hombres, es de los momentos más hermosos del libro.

Intervienen la Tierra y Asia. La primera desarrolla una visión de la muerte como velo de vida, como una visión de los vivos que solo emerge al dormir estos. En la escena IV Panthea advierte a Ione que el Espíritu de la Tierra, frente al ya olvidado Fantasma de Júpiter, es el hermoso y sutil guía que lleva a la Tierra al mismo Cielo; esto es, hacia su trascendencia.

El Espíritu de la Tierra revela a esta, su madre, que con la liberación de Prometeo los feos rostros humanos se habían convertido en bellos semblantes, pues ha caído ya el disfraz del mundo pasajero:

> Y pronto aquellos rostros tan humanos y feos,
> causándome dolor como te dije,
> flotaban por el aire y al fin se evaporaron
> y el viento aquí y allá los esparcía;
> y parecían gentes amables y muy dulces
> aquellos de los cuales los rostros procedían,
> había caído su disfraz horrible
> y habían cambiado todos;

El Espíritu de la Hora confirma que han triunfado el Bien y la Verdad y que, como también quiso Keats, todo ello se resuelve en una mayor Belleza.

El acto IV se abre con el desfile de los fantasmas de las horas muertas; todo el pasado carece ya de sentido. Pues se ha producido la epifanía, la liberación, el puro ver ya sin cadenas. Ione pregunta qué formas tan sombrías son esas. Panthea le responde que son las Horas del pasado.

A partir de aquí, no cesará el canto de los Espíritus que, en coro, celebran y exaltan la nueva condición humana, revestida de belleza y plenitud. El acto IV es todo un canto a la Poesía misma. Y también al Amor humano, «que con cada visión levanta un Paraíso». Este verso es, en sí mismo, toda una poética.

El coro de Horas y Espíritus pasa dulcemente, dejando un encanto en el aire nuevo del mundo que Ione sabe apreciar. Panthea habla de los ciclos que han pasado ya y describe un paisaje dantesco (hay mucho de Dante, pero también de Milton en este poema) de esqueletos y estatuas arrasadas.

Hasta la misma Luna tiene algo que decir en *Prometeo liberado* y es que el nuevo Espíritu no es otra cosa que el gran y nuevo Amor que la atraviesa. Demogorgon entra en el diálogo para tomar la perspectiva del observador que todo lo anota, invocando a la misma Luna y a todos los Dioses, a los muertos y a los vivos. Y es este misterioso Demogorgon (el gran director de orquesta) quien pone punto final al poema, celebrando el nuevo estado de cosas que ha traído la liberación de Prometeo:

> desafiar al Poder, que tan fuerte parece;
> amar y soportar una vez y otra vez;
> y tener esperanza en que hará la Esperanza
> con su propia ruïna todo lo que pretenda;
> ni cambiar, ni dudar, ni arrepentirse;
> en tales cosas, sí, Titán, consiste,
> como tu gloria, el ser bueno, grande, feliz,
> y sobre todo libre; solo en esto consisten
> la Vida y la Alegría, el Imperio y el Triunfo.

Los personajes y sus alegorías

El personaje principal, Prometeo, es en la mitología el Titán que siente debilidad por el género humano, al cual intenta favorecer robando el fuego a los dioses para entregarlo a los hombres. Por ello fue castigado por Júpiter a estar encadenado al monte Cáucaso, con un águila que cada día comía su hígado.

Siendo inmortal Prometeo, cada noche volvía a crecer su hígado, y el águila volvía a comérselo cada día. Este castigo había de durar para siempre, pero Hércules pasó por el lugar de cautiverio de Prometeo de camino al huerto de las Hespérides y lo liberó disparando una flecha al águila y rompiendo las cadenas que lo sujetaban. Esta vez no le importó a Júpiter que Prometeo quedara libre, puesto que este acto de liberación y misericordia ayudaba a la glorificación del mito de Hércules, quien era hijo de Júpiter. Prometeo fue así liberado, aunque debía llevar con él un anillo unido a un trozo de la roca a la que fue encadenado.

La alegoría que aquí representa el mito de Prometeo tiene que ver con una cuestión esencial para Shelley: la glorificación de la libertad humana como valor principal del mundo y la humanidad. Prometeo es el hombre que lucha cada día contra un destino adverso. Prometeo tiene fe en su liberación; tiene toda la Eternidad por delante, como le advierte Demogorgon.

Esta alegoría shellyana de Prometeo tiene, como Jano, dos caras. Por una parte, la dimensión política del Titán, cuya resistencia se convierte en causa, causa que se convierte, a su vez, en el destino total de la humanidad. Pero, según lo veo, Prometeo también es una alegoría de la función del Poeta en el mundo. El poeta encadenado a su obra, atado al fonocentrismo, que solo se libera cuando entra, gracias al Amor y a la misma Poesía, en el ámbito del puro Ser.

Ambas visiones se desarrollarán en su momento. Baste ahora recordar que la gran fuerza y el gran carisma de Prometeo lo igualan, para Shelley, con Cristo (al que también se hace mención en la obra). Pero el Prometeo de Shelley es un Cristo laico, alguien que se sacrifica eternamente, pero no por hallar otro mundo distinto a este, sino por hacer que el mismo mundo de sombras y tiranías en que vive la humanidad se transforme en el verdadero mundo que debía ser. Liberación de la Tierra y el Hombre, no transustanciación en ningún reino superior.

Júpiter, padre de los dioses y de ciertos hombres, es la principal Divinidad de la mitología romana, el equivalente de Zeus en la griega. Tiene como atributos el águila (a la que manda a castigar a Prometeo), el cetro del poder y el temible rayo como arma. En la obra de Shelley representa a los tiranos, a los que detentan el poder absoluto y castigan y persiguen a los que buscan la libertad. En ciertos aspectos es complementario de Prometeo. Por ello, señala Shelley en el Prólogo a la obra lo siguiente:

> El *Prometeo liberado* que escribió Esquilo conllevaba una reconciliación de Júpiter con su víctima como una especie de precio a cobrar por la revelación del peligro que amenazaba a su poder y su imperio, dada la consumación del matrimonio con Tetis. Tetis, según el punto de vista del asunto, fue dada como novia a Peleo, y Prometeo quedó liberado por el semidiós Hércules porque Júpiter así lo había establecido. Si yo me hubiera limitado a escribir según este modelo, solo habría intentado de modo fútil recuperar esa obra perdida de Esquilo; una ambición según la cual, si yo hubiera escogido tratar así el tema, recordar la comparación con el alto Esquilo habría inutilizado todo intento y desafío por mi parte. Pero lo cierto es que yo tenía rechazo a una solución tan débil como la reconciliación del Héroe con el Tirano de la Humanidad.

Para el joven y jacobino Shelley no había posibilidad de redención del Tirano, que debía caer al abismo de su des-

gracia mientras Prometeo se elevaba y restablecía el orden natural y la armonía en el mundo nuevo.

Realmente, el mundo nuevo posterior a la liberación de Prometeo, a cuya celebración se dedica por completo el acto IV, es el gran símbolo y el gran tema de la obra, más allá de su filiación mitológica. Aquí interviene el personaje más misterioso de la obra, Demogorgon, que parece la voz del mismo Shelley en cuanto es un personaje visionario y lleno de sabiduría. Habita en una cueva (¿la platónica?) y conoce el devenir tanto histórico como eterno. El misterioso diálogo entre Asia y Demogorgon tiene lugar en la escena IV del acto II, y nos sobrecoge y fascina:

ASIA

¿Tú qué puedes contarme?

DEMOGORGON

Puedo contarte todo lo que pidas.

ASIA

¿Quién creó este mundo vivo?

DEMOGORGON

Dios

ASIA

¿Quién hizo todo lo que está en el mundo:
pensamiento y pasión, razón y voluntad
y la Imaginación?

DEMOGORGON

Lo hizo Dios, el Todopoderoso.

ASIA

¿Quién hizo ese sentido que, al llegar primavera
y visitarnos vientos o esa voz
de alguien a quien quisimos en nuestra juventud,
llena ojos marchitos de lágrimas oscuras
que nublan el radiante aspecto de las flores,
y esta tierra poblada la convierte en un yermo
cuando ya nunca vuelve?

DEMOGORGON

Dios Misericordioso es quien lo hizo.

ASIA

¿Y quién hizo el terror y los remordimientos,
los eslabones de la gran cadena
de todo lo terrible de este mundo
que alcanza incluso al pensamiento humano
y cuelga tan pesada que cada cual se arrastra
bajo ese inmenso peso al abismo mortal;
la esperanza olvidada; el amor vuelto odio;
y la baja autoestima,
bebida más amarga que la sangre;
el dolor, el dolor de las palabras
a las que no atendimos y eran familiares,
ese dolor que es un aullido eterno;
y el Infierno por fin, y el miedo a ese Infierno?

DEMOGORGON

Es él quien reina.

ASIA

Lo intuyo, ¿quién es?

Es Él quien reina.

Asia

¿Quién reina? En el principio había Tierra y Cielo,
y Luz y Amor y, más tarde, Saturno,
de cuyo trono fue cayendo el Tiempo,
una envidiosa sombra: aquel era el estado
de seres genesíacos bajo dominio suyo,
como dulce alegría de flores y de hojas
antes que el viento, el sol las marchitaran,
gusanos casi vivos; pero él les prohibió
hasta el mismo derecho de su ser,
el poder y el saber, dominio de elementos,
el pensamiento que horadando va
este oscuro universo como luz,
la potestad y magia del amor,
pues se habían desmayado sedientos de estas cosas.
Entonces Prometeo concedió el saber,
que es también una fuerza, al mismo Júpiter,
y solo estableció una condición:
«Deja al hombre ser libre», y por ello le dio
el dominio del ancho y alto Cielo.

Es también Demogorgon una especie de Júpiter en la sombra, o un Dios más parecido al de Job que al Padre cristiano. De hecho, las preguntas de Asia a Demogorgon recuerdan el terrible diálogo de Dios con el pobre Job, que va sufriendo un castigo tras otro. «¿Y quién hizo el terror y los remordimientos, / los eslabones de la gran cadena?...», pregunta Asia, del mismo modo en que William Blake le había preguntado a su Tigre si su Hacedor era el mismo «que hizo al Cordero».

Demogorgon es quien habita tras «el velo». Dice Asia: «el velo se ha caído». Tras el velo del mundo está la verdadera realidad. Y Demogorgon se mueve entre la Eternidad

y el Mundo. «Misterioso y silencioso iba una y otra vez», como diría Rubén Darío. Así va Demogorgon por la obra, cuyo estremecedor final le corresponde pronunciar a él, como veremos.

Personajes secundarios, que apenas intervienen en la obra, son Hércules, que libera a Prometeo con el permiso de Júpiter; Mercurio, el enviado de Júpiter, que se pone de parte de Prometeo y ruega que haya un final para la tortura del Titán. Y también secundarios son Océano y el mismo Apolo. O los Faunos, cuya misión es preguntarse por el lugar de donde proceden los Espíritus.

Así, frente a las figuras fuertes y encarnadas (Prometeo, Júpiter o las oceánidas Asia, Panthea e Ione) Shelley, con gran originalidad, hace participar también en toda la obra a personajes etéreos y puros, ya sean amenazadores enemigos como las Furias, o partidarios del nuevo reino que vendrá con la liberación de Prometeo, como los Espíritus de los hombres, que simbolizan todo lo que de bueno y excelso hay en la Humanidad.

Sorprende, pues, que por ejemplo los Espíritus de las Horas tengan más importancia y más presencia que un Apolo. Y es que el romanticismo platónico de Shelley le hacía ver y hacer ver lo Espiritual. Como el *Himno a la belleza intelectual,* el *Prometeo liberado* es una celebración y una vindicación de todos los aspectos espirituales del hombre. El Titán no es liberado para dar un golpe en la mesa y hacerse con el poder absoluto, sino para servir de guía de los Espíritus de los hombres. El tercer acto se cierra con las palabras de un Espíritu de la Hora (de la hora nueva y viva del mundo liberado):

> he sido un vagabundo
> por las bellas moradas de los hombres.
> Qué desencanto fue no ver en un principio
> los poderosos cambios que yo sentía en mí
> reflejados entonces en las cosas de fuera;

pero pronto miré y contemplé los tronos
desiertos; no había reyes, caminaban los hombres
igual que los espíritus, y sin pisotearse
ni descender hasta la adulación;
odio, desdén ni miedo
ni el amor propio estaban escritos en sus frentes,
como siempre lo están al llegar al infierno:
«Dejad toda esperanza los que entráis».

El Espíritu de la Hora está dando la buena nueva. El mundo es redimido por la Pasión de Prometeo. Cae *el velo* y al fin los hombres son libres e iguales:

ese velo pintado de la vida,
que con muchos colores presentaba
todo lo que los hombres creyeron y hasta amaron,
ese velo se ha roto; cayó la horrible máscara,
pero nos queda el hombre.
Sin cetro y libre, el hombre.
Sin clases y sin tribus y un apátrida,
a quien no hay que temer ni que adorar,
rey de sí mismo: el hombre.
¿Un hombre sin pasión? — no, pero libre
del dolor y la culpa que tanto había sufrido,
tratado como esclavo, sometido,
y no exento de cambio o muerte, impedimentas
que evitan el alzar alto su vuelo,
más alto que la estrella más alta de los cielos,
fija siempre en lo oscuro y el intenso vacío.

Nos queda el hombre. Un hombre que ha abandonado la cueva platónica, o lo ente que no es el Ser (según Heidegger). El hombre ha avanzado desde la esclavitud al tirano hacia la proximidad al Ser, al que queda escuchando Shelley para dar voz a los Espíritus benefactores de la Humanidad.

Lectura política: la causa de la Libertad

A diferencia de Wordsworth y Coleridge, Shelley no conoció la Revolución Francesa de primera mano, puesto que nació en 1792, en plena Revolución. No pudo entusiasmarse, como sus mayores citados, con el estallido de la Revolución, aunque sí decepcionarse, como aquellos, con sus consecuencias. Ello no obsta para que fuera un jacobino de cuidado en todo lo que se refería a su concepto de la libertad y su opresión por parte de cualquier tiranía. Más que un partidario de las revoluciones, Shelley era una Revolución en sí mismo.

Shelley es un Prometeo atado al Cáucaso de su época, con la honrada águila inglesa comiéndole el hígado. Y está dispuesto a sufrir con tal de conservar limpio su espíritu y firme su fe en la causa de la Libertad. Por eso le cuesta tanto a su Prometeo reconciliarse con Júpiter, aunque este haya permitido a Hércules su liberación. Por ello afirma en su Prólogo: «lo cierto es que yo tenía rechazo a una solución tan débil como la reconciliación del Héroe con el Tirano de la Humanidad».

Y sigue afirmando en dicho Prólogo:

> La única fuerza o ser imaginario capaz de parecerse en algún aspecto a Prometeo es Satán; y Prometeo es, según mi opinión, un personaje con mayor relieve poético que Satán, dado que, además de su coraje y altura, y su firme y paciente oposición a la fuerza todopoderosa, se le puede describir como limpio de todo tipo de manchas, tales como la ambición, la envidia, la venganza, y el delirio de grandeza que en el protagonista de *Paraíso perdido* interfieren con la obra misma.

Ciertamente, Prometeo se libra de poseer las malas características del revolucionario (la envidia, la venganza, etc.),

pero sí puede ostentar una pureza de espíritu que hace que la lectura de esta obra en clave política sea, una vez más, la crítica y rechazo de los tiranos que gobiernan el mundo. Por la misma época en que va escribiendo *Prometeo liberado* tenemos ya escrito otro curioso poema de Shelley:

INGLATERRA EN 1819[6]

Viejo Rey moribundo, ciego y loco;
y Príncipes, la escoria de su raza,
que atraviesan las burlas de sus súbditos
— que son el lodo de una fuente sucia;
gobernadores que ni sienten ni padecen,
mas como sanguijuelas desangran el país
hasta caer por fin hartas de sangre;
pueblo muerto de hambre y masacrado
en campos infecundos; doble filo
del arma que ahora blanden los soldados
contra la libertad, que es ya su presa;
y las doradas leyes sanguinarias
que tientan y destruyen; la Religión sin Cristo,
sin Dios, libro sellado;
y la peor institución del Tiempo:
el senado, no derogado aún,
todo esto son tumbas de las que un gran Espíritu
ha de nacer para alumbrar los tiempos.

Como una inmensa tumba veía P. B. Shelley a la Inglaterra que le había tocado en suerte, una tumba sin embargo en la cual tenía fe, pues de la destrucción de todo no cabe sino esperar el nacimiento de algo, de algo que sea al fin Espíritu y no Estado, de un Espíritu luminoso de un nuevo tiempo. Este breve poema podría servir como poética de gran parte del *Prometeo liberado*. Pero aún hay más:

---

[6] Este poema y el siguiente están extraídos de P. B. Shelley, *Donde están los eternos. Poesía selecta*, Madrid, Reino de Cordelia, 2021. Introducción y traducción de José Luis Rey.

CANCIÓN DIRIGIDA A LOS INGLESES

Ay, hombres de Inglaterra, ¿por qué aún trabajáis
para vuestros señores que os explotan?
¿Por qué tejéis serviles y con mimo
la rica ropa que viste al tirano?

¿Por qué alimentar y vestir y cuidar
desde la cuna hasta la sepultura
a esos zánganos desagradecidos
que os exprimen sudor — no; que os chupan la sangre?

Abejas de Inglaterra, decid por qué forjáis
tantas armas, cadenas y los látigos
para que se aprovechen esos zánganos
de vuestro esfuerzo, sí, de vuestras fuerzas.

¿Disfrutáis de descanso y de la calma,
de refugio, comida, y consuelo de amor?
Decidme qué compráis a un precio caro
ya con tanto dolor y tanto miedo.

La semilla sembráis; otros cosechan;
la riqueza que halláis, pertenece ya a otros;
vuestras ropas las visten también otros;
y las armas forjadas por vosotros
otros las aprovechan.

Pues si es así, sembrad — mas no para el tirano:
cread riqueza — pero el impostor
no pueda amontonarla: y tejed vuestras ropas,
mas no para los vagos: y las armas que hagáis
que sean solo por defensa propia.

Meteos en los sótanos, agujeros y celdas —
en los ricos salones que labráis
otros habitarán.
¿Por qué agitar cadenas que forjasteis?
Vuestro acero templado se alza contra vosotros.

Con arado y con pala, con azada y telar
trazaréis vuestra tumba, elevaréis el túmulo,
y tejeréis al fin vuestra mortaja —
y la bella Inglaterra será vuestro sepulcro.

Shelley sí que creía que la Poesía es un arma cargada de
futuro y, sin embargo, no menos cargada de belleza. Porque
si algo nos sorprende en este libro es la belleza con la que
está tratado un tema filosófico y político, la relación y antí-
tesis de tiranía y libertad.

Aquí no solo hay Ley, a la cual se somete Prometeo, sino
que hay, sobre todo, Espíritu. Hasta el tirano Júpiter tiene
su fantasma. Y el Prometeo ligado a la dura realidad pronto
devolverá a esa realidad la altura espiritual que el servidor
de los hombres lleva dentro

Pero, además, Shelley no cree estar solo en su concepción
política y poética. Sigue diciendo en el Prólogo él mismo:

> Los poetas (pero también los pintores, los músicos, los
> escultores, los filósofos, etc.) son tanto los creadores como
> la obra de su época. Y de tal yugo no se libran ni los mejo-
> res. Hay cosas que tienen en común Homero y Hesíodo,
> Esquilo y Eurípides, que comparten Virgilio y Horacio,
> como también Dante y Petrarca, o Shakespeare y Fletcher,
> y Dryden y Pope; hay una semejanza común bajo la cual
> florece la personalidad de cada uno. Y si esta semejanza es
> hija de la pura imitación, entonces yo he imitado.

Y también señala la función de gran precursor que tuvo
Milton. Shelley, como más tarde los surrealistas, quería que el
poema de la Realidad fuera escrito con los sueños de todos:

> Debemos a Milton el avance y desarrollo del mismo espí-
> ritu, pues Milton, el divino, siempre fue partidario de la
> República, y un comprometido explorador de los ámbitos
> moral y religioso. Los escritores mayores de nuestra propia
> época —y así hemos de defenderlo— son los precursores y
> compañeros de una transformación insólita que está sur-

giendo en nuestro ámbito social o en opiniones que la consolidan. La nube del pensamiento ahora emite un tranquilo relámpago y parece que el equilibrio entre instituciones y opiniones se está recuperando o está muy cerca de lograrse.

Para cerrar este epígrafe, permítaseme insistir en el cariz político y moral de *Prometeo liberado*. Prometeo es, de algún modo, la Libertad guiando al pueblo. Pero el «pueblo» de Shelley, como más tarde el de Rilke y tal vez el de todo verdadero poeta, es una minoría selecta, capaz de recibir y comprender el valor revolucionario del libro de Shelley, sin dejar por ello de valorar su gran belleza e, incluso, otras lecturas, como la metapoética.

Lectura metapoética: Shelley a la escucha del Ser

Si pensamos en Prometeo como el Poeta que está anclado y encadenado a la visión de lo ente y lo fonocéntrico del lenguaje, también lo veremos como al héroe dispuesto a restablecer el logocentrismo y el Ser. Entre ambos polos (lo ente fonocéntrico y el Ser logocéntrico) se desarrolla toda la acción de *Prometeo liberado*. El acto I se abre con la proclamación de Prometeo como héroe destinado a resistir la visión de la cueva platónica sabiendo que la verdadera realidad, como diría Rimbaud, está ausente. El poema comienza con la lucha entre Poeta y Lenguaje, esto es, entre Prometeo y el Júpiter fonocéntrico:

> Monarca de los dioses,
> los demonios y todos los Espíritus
> salvo Uno, Tú que haces
> rodar esos brillantes mundos, ¡los que
> solamente Tú y yo entre los vivos
> contemplamos con ojos bien despiertos!
> Mira tú esta Tierra tan poblada de esclavos,
> a los que premias por su adoración...

Prometeo está dispuesto a ser esclavo del Lenguaje, el que hace «rodar esos brillantes mundos» de lo ente, pero también sabe que habrá de romper algún día esa esclavitud, para restaurar el Logos y el Ser. Mientras tanto, el Titán reconoce que solo el mundo de lo ente es su digno rival y que solo ellos dos tienen la virtud o el don de ver y hacer ver: «solamente Tú y yo entre los vivos/ contemplamos con ojos bien despiertos...».

Así, el imperio concedido al Poeta es sufrir una terrible soledad, la tortura y el desprecio de su voluntad para desasirse del Lenguaje, al cual está atado como en la visión de Rubén Darío: «Nada más triste que un Titán que llora, / hombre-montaña encadenado a un lirio...». Pero nuestro Titán no llora, sino que, bien al contrario, pretende hacer llorar a Júpiter, a las temibles Furias; en suma, a todos los enemigos de la verdad que solo puede encarnar en el Ser y el Logos.

El Poeta reconoce hablar desde el dolor, desde el desgarro que es su lucha con el Lenguaje objetivo y denotativo:

> Y te hablo con dolor, no exaltado,
> pues ya no odio más,
> me dio sabiduría la miseria.

Y esa sabiduría que da el dolor hace de Prometeo un Visionario, un Poeta que intenta despertar a toda la Humanidad para que esta abandone un lenguaje mostrenco, un signo lingüístico lleno de desolación, pues aunque tenemos los significantes, el verdadero *significado* está ausente. Por ello la Tierra le pregunta a Prometeo: «¿Cómo puedes oír si no conoces/ la lengua de los muertos?».

El Poeta encadenado no conoce la lengua de los muertos, pero sí tiene el don de oír, sí puede oír la nueva melodía, la nueva poesía. La lengua de los muertos, en efecto, no interesa a Prometeo porque es la tradición de todos los que han sido en el seno del Lenguaje; él quiere solo ser en el seno del Espíritu, el Logos y el Ser.

La Tierra, madre del Poeta, advierte a este que existen dos mundos, y que el Titán solo puede, de momento, contemplar uno. Pero recordemos que *el velo* caerá y, entonces, Prometeo verá la Realidad completa del Logos y no solo el reino de la escritura y el verbo:

> Debes saber que existen los dos mundos,
> de vida y de la muerte: uno que puedes ver,
> otro que será tuyo en una tumba;
> bajo la tumba se apiñan las sombras,
> las sombras de aquellos que viven y que piensan
> hasta que las reúne la muerte y ya no escapan;
> los sueños, la imaginación humana,
> lo que la fe creó, lo que el amor anhela,
> las terribles y extrañas, las bellas y sublimes
> formas.

Para la bella Ione, el Titán no puede ser vencido jamás. Su capacidad de sacrificio del yo en favor de la Verdad revelada es insobornable. Y, entonces, intervienen las Furias, que dan voz a lo fonocéntrico, que *son* el poema mismo, su lenguaje, el que quiere alzarse sobre el Poeta. Pero Prometeo no será esclavo de las Furias del Lenguaje, que huelen la vida y la persiguen para dejar el sello de lo escrito sobre lo vivo.

Solo el Ser es. La letra es letra muerta; por eso no la comprende Prometeo, pues él anuncia la visión de la Poesía misma, no de sus contingentes apoyos verbales. En diálogo con Mercurio este quiere tentarlo, pero el Poeta le urge a compadecer a «todos los esclavos del Cielo». Imposible no recordar aquí el hermoso lamento de Mallarmé: «¡Estoy hechizado! ¡El Azur! ¡El Azur!...».

El Poeta no desea ser un dios más, pues ello supondría un límite: no se puede ir más allá de ser un dios. Así triunfarían de nuevo lo fonocéntrico y lo ente. Pero un Titán de la palabra está en constante evolución porque está vivo, porque parte del *barranco desolado* y la *agonía:*

MERCURIO

¿Y si pudieras ser uno más de los dioses
y vivir tan mimado como ellos?

PROMETEO

Mi hogar es el barranco desolado,
mi ser es la agonía que me llena.

MERCURIO

¡Ay, me asombras, pero te compadezco!

PROMETEO

Compadece mejor a todos los esclavos
del Cielo, que no tienen autoestima;
en mi mente la paz reina absoluta
como luz en el sol. ¡Inútiles palabras!
Llama ya a los demonios.

De hecho, las Furias reconocen su función de emisarias de
la Letra para perseguir y castigar a todo lo que sea Espíritu:

Somos las mensajeras y las ejecutoras
del dolor y el temor, de la falta de fe,
del odio, del delito delirante;
como perros hambrientos que persiguen a un ciervo,
a un cervatillo herido por los bosques y lagos,
seguimos todo aquello que llore, sangre y viva,
cuando el gran Rey nos lo concede al fin.

Pero el Poeta siempre nos trae, según la alegoría mallar-
meana, al hijo de una noche de Idumea. Y ese hijo es él
mismo, hijo del Espíritu y no del Lenguaje. Pues si el nom-
bre de Keats se escribió sobre el agua, el de Shelley está es-
crito sobre la arena de una duna que se mueve y cambia

con el viento, sobre la arena donde yace Ozymandias, el rey-poeta en la intemperie del Lenguaje. El poeta es el rey de sí mismo: «soy el monarca de mi propio ser, / gobierno este tumulto de torturas...». Un rey que se entrega y sacrifica a sí mismo, como Cristo, cuya crucifixión aparece citada por Panthea como «una triste visión».

Pocas definiciones sobre qué es un Poeta habrá mejores y más precisas que la realizada por el Coro de las Furias. El Poeta, como también quiso Cernuda, es el que *despierta una sed insaciable* al hombre y tal sed es la sed de eternidad, de amor, de libertad plena:

> Los pálidos luceros de la aurora
> brillan sobre la lucha nefasta que sostienes.
> ¿Titán, te faltan fuerzas? Nos burlamos de ti.
> ¿Presumes del saber que has infundido al hombre?
> Pues le has despertado una sed que no sacian
> las aguas tan humildes; sed febril, sed ardiente:
> la esperanza, el amor, la duda y el deseo —
> para siempre han venido a torturarlo.
> Uno de ellos dio un paso al frente
> sonriendo, gentil, sobre la tierra
> sangrienta, y sus palabras vivieron más que él
> como dulce veneno que muy rápido acaba
> con verdad, paz y pena. ¡Contempla el horizonte!
> Muchas ciudades grandes, muy pobladas,
> vomitan humo al aire tan brillante. —
> ¡Escucha el grito de desesperanza!
> Es el fantasma amable y manso
> que se lamenta por la nueva fe.
> Mira de nuevo, ya las llamas brillan
> menos que las luciérnagas;
> y los supervivientes esas brasas rodean,
> unidos por el miedo.
> ¡Alegría, alegría, alegría!
> Te pesa ya el pasado, recuerda cada época,
> el futuro es oscuro, y el presente despliega
> almohada de espinas para ti, el insomne.

Por supuesto que, tras la caída del *velo,* el Poeta ya sabe que el futuro es oscuro y que el presente es una *almohada de espinas* para su insomnio. Pero ni aun así pueden las Furias del Lenguaje, el temible furor del Lenguaje, acabar con la voluntad fuerte del Poeta que se quiere imponer a su instrumento. No podemos ni debemos dejar un reino de Lenguaje, sino de Espíritu. Dice Prometeo a Panthea: «Hay dos penas distintas: hablar y contemplar;/ déjame solo una».

Prometeo liberado puede ser leído, así, como la evolución de un Poeta, como el crecimiento de la mente de un Poeta (según subtituló Wordsworth *El Preludio).* Pero no solo el Poeta crece, sino que con él crece el Ser. Shelley está, a partir de la segunda mitad, y especialmente en el acto IV, a la escucha del Ser. La obra parte de la esclavitud al Lenguaje y se resuelve en la libertad del Espíritu. De ahí que los diversos Espíritus aparezcan después de las Furias, los Espíritus triunfantes sin los cuales el *Prometeo liberado* habría sido también un gran poema, pero carente de esa solución genial que es la evolución de la palabra hacia el Espíritu, de lo fonocéntrico al Logos y del Lenguaje al Ser. Dice el Coro de Espíritus casi al final del acto I:

> En la atmósfera en que respiramos
> como enrojecen brotes al partir
> la tempestad de nieve, cuando nace
> la Primavera, cuya dulce brisa
> acaricia el saúco y pastores errantes
> saben que pronto brotará el espino:
> Sabiduría, Amor, Justicia y Paz,
> luchando por crecer y ser mejores,
> son ya para nosotros como el viento
> para el joven pastor, la profecía,
> la que comienza en ti, la que en ti acaba.

La profecía de la victoria del Espíritu sobre el Lenguaje comienza y acaba en Prometeo, en el Poeta que, rebelde

ante el poder de los dioses sintácticos, crea su propia y libre gramática: la escritura del Ser y no la vida del Lenguaje.

Al final del acto III también el Espíritu de la Hora (el Espíritu recién nacido de un mundo nuevo), cuyo discurso es tal vez la piedra de toque y la clave de toda la obra, observa cómo los hombres van a convertirse en puros espíritus gracias al poder mediador y liberador del Poeta-Prometeo, pues Prometeo trajo el fuego, no la ceniza:

> Tan pronto como se apagó el sonido
> cuyo trueno llenó la tierra y cielo,
> entonces cambió algo: el aire escurridizo
> y esa luz del sol que a todo llega
> quedaron transformados, como si el amor
> que sentían en ellos impregnado
> rodeara el orbe de este mundo.
> Pude ver claramente los arcanos
> misterios que aún oculta el universo:
> me adormeció el placer y yo floté
> con mis lánguidas alas por el aire,
> hacia abajo, y envuelto en una luz.
> Mis caballos venían de nacer en el sol,
> y allí se quedarán sin hacer más esfuerzos,
> pastando algunas flores de fuego vegetal,
> y en un templo estará mi carruaje,
> con su blancor de luna, admirado por formas
> que Fidias tallaría de buen grado:
> imágenes de ti, de Asia, de la Tierra,
> también de mí y de las hermosas ninfas
> que miráis complacidas nuestro amor,
> en memoria de todas las noticias
> que el amor ha traído,
> bajo la misma cúpula de flores adornada,
> sobre doce columnas de piedra esplendorosa
> que miran el brillante cielo líquido.
> [...]
> Ay,
> ¿adónde se va ahora este idioma parcial,

ahora que queda tanto por decir y escuchar?
Como ya he dicho yo bajé flotando.
Y conocí el dolor feliz de respirar,
y moverse y ser libre. Desde entonces
he sido un vagabundo
por las bellas moradas de los hombres.
Qué desencanto fue no ver en un principio
los poderosos cambios que yo sentía en mí
reflejados entonces en las cosas de fuera;
pero pronto miré y contemplé los tronos
desiertos; no había reyes, caminaban los hombres
igual que los espíritus, y sin pisotearse
ni descender hasta la adulación;
odio, desdén ni miedo
ni el amor propio estaban escritos en sus frentes,
como siempre lo están al llegar al infierno:
«Dejad toda esperanza los que entráis».
Y ya no había enfado ni temor
ni nadie que con miedo mirara ojos extraños
bañados por la fría posesión,
[...]
Ningún burlón causaba el extinguirse
esas chispas de amor y de esperanza
hasta que al fin quedaban las amargas cenizas
de un apagado ser, un miserable que
fuera como un vampiro entre los hombres,
infectándolo todo con pestilencia y muerte.
Nadie hablaba de forma vulgar o fría o falsa,
la que hace al corazón retractarse del sí,
y pone en entredicho hipocresías
con tal desconfianza de uno mismo
que no puede nombrarse.
Y estaban las mujeres, hermosas y muy amables,
como un cielo libre del que llueve la luz
y el rocío que ha de cubrir la tierra;
formas puras, brillantes, sin mancha de rutina,
charlando con sabiduría tal
que no la imaginaban en sí mismos,
comunicando la emoción temida,

todo lo que una vez a ser no se atrevieron,
y así la tierra parecía el cielo;
sin orgullos, sin celos, sin envidia,
ni siquiera vergüenza,
las más amargas gotas de la bilis,
vertían el sabor tan dulce del amor.
[...]
y ahora dan solo asombro;
incluso la herramienta y los emblemas
del último cautivo los veréis
en las casas de la poblada tierra;
permanecen intactos, aunque nadie los mira.
Y esas figuras feas, que los dioses y hombres
aborrecen del todo — que bajo muchos nombres
y muchas formas que resultan ser
extrañas y salvajes, execrables y oscuras,
eran encarnaciones del dios Júpiter,
el tirano del mundo conocido;
[...]
se deshacían las formas en los templos desiertos:
ese velo pintado de la vida,
que con muchos colores presentaba
todo lo que los hombres creyeron y hasta amaron,
ese velo se ha roto; cayó la horrible máscara,
pero nos queda el hombre.
Sin cetro y libre, el hombre.
Sin clases y sin tribus y un apátrida,
a quien no hay que temer ni que adorar,
rey de sí mismo: el hombre.
¿Un hombre sin pasión? — no, pero libre
del dolor y la culpa que tanto había sufrido,
tratado como esclavo, sometido,
y no exento de cambio o muerte, impedimentas
que evitan el alzar alto su vuelo,
más alto que la estrella más alta de los cielos,
fija siempre en lo oscuro y el intenso vacío.

Si a Blas de Otero le quedaba la palabra, a Shelley y a
nosotros, después de la resistencia y el esfuerzo del Titán-

Poeta, nos queda *el hombre libre;* y comprendemos que esa libertad es la trascendencia mayor que alcanza el hombre: la trascendencia de la verdadera Poesía. Cuando es vencido «ese velo pintado de la vida» y cuando cae la horrible máscara, la cáscara verbal de las cosas, ya solo nos queda la Iluminación que trae consigo el Ser.

En pocos fragmentos del Romanticismo inglés encontraremos la belleza de pensamiento y ejecución que hay en este final del acto III. Ya se ha abierto el reino del Espíritu. Ha triunfado el amor al Logos. Shelley, como señalará Demogorgon al final del acto IV, ha quedado para siempre a la escucha del Ser. El poeta liberado de todo lenguaje mostrenco no es un rey del poema presente, sino de todos los poemas por venir, cuyos espíritus lo rodean en ciernes.

La gran transustanciación no es la de la Tierra, sino la del Poeta-Prometeo que nos dará la iluminación y la victoria del Ser sobre el estar en el lenguaje. El hermoso final de la obra lo ocupa la intervención de Demogorgon (voz del mismo Shelley, voz de eternidades). Y al fin se nos revela la verdad tan rilkeana de no poder hablar de victoria porque sobreponerse es todo. Nos queda, al final, la redención del lenguaje dejado atrás para que nazca el Espíritu. Nos queda ser benévolos, grandes, felices, libres. Solo en eso consisten la Vida y el Triunfo:

> Y la Amabilidad, y la Sabiduría,
> la Virtud y Paciencia son los sellos
> de la seguridad siempre tan firme
> que impide fuerzas de la Destrucción;
> y si la Eternidad, con mano ya no firme,
> la Madre de los actos y las horas,
> liberara a la sierpe y esta la amenazara,
> tenéis aquí el conjuro con el cual obtendréis
> poder sobre el destino desatado:
> sufrir tanto que piense la Esperanza
> que nunca acabará el sufrimiento;
> perdonar los errores, que suelen siempre ser

más oscuros aún que la noche y la muerte;
desafiar al Poder, que tan fuerte parece;
amar y soportar una vez y otra vez;
y tener esperanza en que hará la Esperanza
con su propia ruïna todo lo que pretenda;
ni cambiar, ni dudar, ni arrepentirse;
en tales cosas, sí, Titán, consiste,
como tu gloria, el ser bueno, grande, feliz,
y sobre todo libre; solo en esto consisten
la Vida y la Alegría, el Imperio y el Triunfo.

El lugar de «Prometeo liberado» en la obra de Shelley

Por todo lo visto anteriormente, no se negará el hecho de que *Prometeo liberado* ocupa un lugar central en la obra de Shelley. Escrito casi al final de su vida, solo comparte su grandeza con *Adonais,* la elegía por la muerte de Keats. *Prometeo liberado* no es, como *Adonais,* una suprema elegía, sino una heroica epopeya lírica. Más que teatro lírico o poema dramatizado, esta epopeya sobre la figura del Poeta y el triunfo del Espíritu en el mundo se desarrolla en el escenario de nuestra imaginación. Y así, como más tarde con Wallace Stevens, resulta que una *ficción* pone *orden* en nuestra mente y nuestro ánimo. *Prometeo liberado* es una *idea de orden,* toda una gran ficción que resulta verdadera, porque en ella sopla el Espíritu. ¿Dónde? Ahí, tras el velo caído de la vida. El esfuerzo del Titán-Poeta, su epopeya espiritual y libertaria, que es la de la misma Humanidad, nos lleva hasta las puertas de la Eternidad. ¿Y cuándo entraremos en las espléndidas ciudades? ¡Al alba, armados de una ardiente paciencia!

ESTA EDICIÓN

Para el texto original de *Prometeo liberado* he seguido la edición de J. Donovan y C. Duffy, *Selected Poems and Prose* (Penguin Classics, 2017), y la de *The Selected Poetry and Prose of Shelley* (Wordsworth Editions, 1994). También he consultado *The Major Works of P. B. Shelley* (Oxford World's Classics, 2009), en edición de Z. Leader y M. O'Neill. He intentado, como siempre, una traducción literaria más que literal. Junto al volumen *Donde están los eternos. Poesía selecta* de P. B. Shelley, la extensa antología del poeta inglés que traduje para Reino de Cordelia, publicada en 2021, pongo con esta traducción de *Prometeo liberado* el cierre de un proyecto personal de difusión de la obra del gran Shelley en nuestro idioma.

Gracias siempre a Josune García, a Elena Martínez Bavière, a Juan Fernández Rivero y a Andrés Lévy; en suma, a todo el equipo de Cátedra, pues si bien es cierto que la poesía es el premio de ella misma (y traducir poesía es también *hacer* poesía), sin una editorial tan entusiasta y sensible ante la alta cultura, este proyecto no habría visto la luz wordsworthiana del bendito día corriente.

BIBLIOGRAFÍA

Para ediciones facsímiles, *vid. The Manuscripts of the Younger Romantics: Shelley,* 9 vols., Donald H. Reiman, Editor, Nueva York, Garland, 1985-1997:
— *Vol I: The Esdaile Notebook* (1985).
— *Vol. II: The Mask of Anarchy* (1985).
— *Vol. III: Hellas* (1985).
— *Vol. IV: The Mask of Anarchy Draft Notebook* (1990).
— *Vol. V: The Harvard Shelley Poetic Manuscripts* (1991).
— *Vol. VI: Shelley's 1819-1821 Huntington Notebook* (1994).
— *Vol. VII: Shelley's 1821-1822 Huntington Notebook* (1996).
— *Vol. VIII: Fair-Copy Manuscripts of Shelley's Poems in European and American Libraries* (1997).
— *Vol. IX: The Frankenstein Notebooks* (1996).

Ediciones de Shelley, incluyendo ediciones críticas

Rossetti, William Michael (ed.), *The Poetical Works of Percy Bysshe Shelley,* 2 vols., Londres, Edward Moxon, 1870; revisado y reeditado en tres volúmenes en 1878.
Forman, Harry Buxton (ed.), *The Poetical Works of Percy Bysshe Shelley,* 4 vols., Londres, Reeves and Turner, 1876.
— *The Prose Works of Percy Bysshe Shelley,* 4 vols., Londres, Reeves and Turner, 1880.
Hutchinson, Thomas (ed.), *The Complete Poetical Works of Shelley,* Oxford, Clarendon Press, 1904.

Locock, C. D., (ed.), *The Poems of Percy Bysshe Shelley*, con Introducción de A. Clutton-Brock, 2 vols., Londres, Methuen, 1911.

Ingpen, Roger, y Peck, Walter E. (eds.), *The Complete Works of Percy Bysshe Shelley*, 10 vols., Londres, Ernest Benn, 1926-1930.

Clark, David Lee (ed.), *Shelley's Prose: or, The Trumpet of a Prophecy*, Albuquerque, Universidad de New Mexico Press, 1954.

Zillman, Lawrence John (ed.), *Shelley's «Prometheus Unbound»: A Variorum Edition*, Seattle, University of Washington Press, 1959 [reed. 1969].

Cameron, Kenneth Neill, y Reiman, Donald H. (eds.), *Shelley and his Circle: 1773-1822*, Cambridge, MA, Harvard University Press, 1961-1987.

Chernaik, Judith, *The Lyrics of Shelley*, Cleveland, Press of Case Western Reserve University, 1972.

Rogers, Neville (ed.), *The Complete Poetical Works of Percy Bysshe Shelley*, Oxford, Clarendon Pres, 1972-1975; proyectada en cuatro volúmenes.

Matthews, G. M., y Everest, Kelvin (eds.), *The Poems of Percy Bysshe Shelley*, Londres, Longman, 1989.

Reiman, Donald H., y Fraistat, Neil *et al., The Complete Poetry of Percy Bysshe Shelley*, Baltimore, Johns Hopkins University Press, 2000.

Reiman, Donald H., y Fraistat, Neil (eds.), *Shelley's Poetry and Prose*, 2.ª ed., Nueva York, W. W. Norton, 2002.

Shelley, Percy Bysshe, *Percy Bysshe Shelley's Poetry and Prose,* Stephen C. Behrendt (ed.), Nueva York, Longman, 2009.

— *The Esdaile Notebook: A Volume of Early Poems,* Kenneth Neill Cameron (ed.), Nueva York, Alfred A. Knopf, 1964.

— *The Letters of Percy Bysshe Shelley,* Frederick L. Jones (ed.), 2 vols., Oxford, Clarendon Pres, 1964.

— *The Prose Works of Percy Bysshe Shelley,* E. B. Murray (ed.), Oxford, Clarendon Press, 1993.

— *Zastrozzi and St. Irvyne,* Stephen C. Behrendt (ed.), Peterborough, ONT, Broadview, 2002.

Otros estudios de referencia

Ellis, F. S., *A Lexical Concordance to the Poetical Works of Percy Bysshe Shelley,* Londres, Bernard Quaritch, 1892.

Hall, Spencer (ed.), *Approaches to Teaching Shelley's Poetry,* Nueva York, MLA, 1990.

Hayden, John O., *Romantic Bards and British Reviewers,* Lincoln, University of Nebraska Press, 1971.

Hogle, Jerrold E., «Percy Bysshe Shelley», *Literature of the Romantic Period: A Bibliographical Guide,* Michael O'Neill (ed.), Oxford, Clarendon, 1998.

Keats-Shelley Journal, «Current Bibliography».

Keats-Shelley Review, anteriormente conocida como *Keats-Shelley Memorial Bulletin.*

O'Neill, Michael, y Howe, Anthony (eds.), *The Oxford Handbook of Percy Bysshe Shelley,* Oxford, Oxford University Press, 2013.

Redpath, Theodore, *The Young Romantics and Critical Opinion, 1807-1824,* Londres, Harrap, 1973.

Reiman, Donald H., *English Romantic Poetry, 1880-1835: A Guide to Information Sources,* Detroit, Gale Research, 1979.

— (ed.), *The Romantics Reviewed: Contemporary Reviews of the British Romantic Writers,* 5 vols., Nueva York, Garland, 1972.

Schmid, Susanne, y Rossington, Michael (eds.), *The Reception of P. B. Shelley in Europe,* Londres, Continuum, 2008.

Sullivan, Alvin (ed.), *British Literary Magazines: The Romantic Age, 1789-1836,* Westport, CT, Greenwood, 1983.

Principales biografías

Bieri, James, *Percy Bysshe Shelley: A Biography,* Neward, University of Delaware Press, 2004-2005.

Cameron, Kenneth Neill, *The Young Shelley: Genesis of a Radical,* Nueva York, Macmillan, 1950.

Clairmont, Mary Jane Clara [Claire], *The Journals of Claire Clairmont,* Marion Kingston Stocking (ed.), Cambridge, MA, Harvard University Press, 1968.

DOWDEN, *The Life of Percy Bysshe Shelley*, 2 vols., Londres, Kegan Paul, Trench and Co., 1886.

GISBORNE, Maria, y WILLIAMS, Edward E., *Maria Gisborne and Edward E. Williams, Shelley's Friends: Their Journals and Letters*, Frederick L. Jones (ed.), Norman, University of Oklahoma Press, 1951.

HAYDEN, John O., *The Romantic Reviewers, 1802-1824*, Londres, 1969.

HOGG, Thomas Jefferson, *The Life of Percy Bysshe Shelley*, 2 vols., Londres, Edward Moxon, 1858.

HOLMES, Richard, *Shelley: The Pursuit*, Nueva York, E. P. Dutton, 1975.

HUNT, Leigh, *Lord Byron and Some of His Contemporaries*, Londres, Henry Colburn, 1828.

INGPEN, Roger, *Shelley in England*, Londres, Kegan Paul and Trench, 1917.

MEDWIN, Thomas, *The Life of Percy Bysshe Shelley*, 2 vols., Londres, Thomas Cautley Newby, 1847.

PEACOCK, Thomas Love, *Memoirs of Shelley and Other Essays and Reviews*, Howard Mills (ed.), Londres, Rupert Hart-Davis, 1970.

PECK, Walter E., *Shelley: His Life and Work*, 2 vols., Boston, Houghton Mifflin, 1927.

ST. CLAIR, William, *The Godwins and the Shelleys: The Biography of a Family*, Baltimore, Johns Hopkins University Press, 1991.

SHELLEY, Mary, *The Journals of Mary Shelley, 1814-1844*, Paula R. Feldman y Diana Scott-Kilvert (eds.), Oxford, Clarendon Press, 1988.

— *The Letters of Mary Wollstonecraft Shelley*, Betty T. Bennett (ed.), 3 vols., Baltimore, Johns Hopkins University Press, 1988.

TRELAWNY, Edward John, *Records of Shelley, Byron, and the Author*, Londres, Basil Montagu Pickering, 1878.

WHITE, Newman Ivey, *Shelley*, 2 vols., Nueva York, Alfred A. Knopf, 1940.

WROE, Anne, *Being Shelley: The Poet's Search for Himself*, Nueva York, Random House, 2007.

Allott, Miriam (ed.), *Essays on Shelley,* Liverpool, Liverpool University Press, 1982.

Baker, Carlos, *Shelley's Major Poetry: The Fabric of a Vision,* Princeton, Princeton University Press, 1948.

Behrendt, Stephen C., *Shelley and his Audiences,* Lincoln, University of Nebraska Press, 1989.

— «"The Consequence of High Powers": Blake, Shelley, and Prophecy's Public Dimension», *Papers on Language and Literature,* 22 (1986), 254-275.

— «The History of Shelley Editions in English», en Schmid y Rossington, *The Reception of P. B. Shelley in Europe* (2008), 9-25.

— «"Peter Bell the Third": Contempt and Poetic Transfiguration», en Weinberg and Webb, *The Unfamiliar Shelley* (2009), 101-118.

— «Shelley and His Publishers», en O'Neill y Howe, *The Oxford Handbook of Percy Bysshe Shelley* (2013), 83-97.

Bennett, Betty T. y Curran, Stuart (eds.), *Shelley: Poet and Legislator of the World,* Baltimore, Johns Hopkins University Press, 1996.

Blank, G. Kim, *Wordsworth's Influence on Shelley: A Study of Poetic Authority,* Nueva York, St. Martin's, 1988.

Bloom, Harold, *Shelley's Mythmaking,* New Haven, Yale University Press, 1959.

Brown, Nathaniel, *Sexuality and Feminism in Shelley,* Cambridge, MA, Harvard University Press, 1979.

Cameron, Kenneth Neill, *Shelley: The Golden Years,* Cambridge, MA, Harvard University Press, 1974.

Claridge, Laura, *Romantic Potency: The Paradox of Desire,* Ithaca, Cornell University Press, 1992.

Clark, Timothy, *Embodying Revolution: The Figure of the Poet in Shelley,* Oxford, Clarendon Press, 1989.

Cronin, Richard, *Shelley's Poetic Thoughts,* Nueva York, St. Martin's, 1981.

Curran, Stuart, *Shelley's Annus Mirabilis: The Maturing of an Epic Vision,* San Marino, CA, Henry E. Huntington Library, 1975.

— *Shelley's Cenci: Scorpions Ringed with Fire,* Princeton, Princeton University Press, 1970.

DAWSON, P. M. S., *The Unacknowledged Legislator: Shelley and Politics,* Oxford, Clarendon Press, 1980.

DEMAN, Paul, «Shelley Disfigured», *Deconstruction and Criticism,* Harold Bloom *et al.* (eds.), Londres, Routledge and Kegan Paul, 1979.

ENGELBERG, Karsten Klejs, *The Making of the Shelley Myth: An Annotated Bibliography of Criticism of Percy Bysshe Shelley, 1822-1860,* Londres, Mansell, 1988.

EVEREST, Kelvin (ed.), *Shelley Revalued: Essays from the Gregynog Conference,* Leicester, Leicester University Press, 1983.

FARNELL, Gary, «Rereading Shelley», *ELH,* 60 (1993), 625-651.

FOOT, Paul, *Red Shelley,* Londres, Bookmarks, 1984.

FRAISTAT, Neil, «Poetic Quests and Questioning in Shelley's Alastor Collection», *Keats-Shelley Journal,* 33 (1984), 161-181.

GELPI, Barbara Charlesworth, *Shelley's Goddess: Maternity, Language, Subjectivity,* Nueva York, Oxford University Press, 1992.

HAMMOND, Eugene R., «Beatrice's Three Fathers: Successive Betrayal in Shelley's The Cenci», *Essays in Literature,* 8 (1981), 25-32.

HOAGWOOD, Terence Allan, *Skepticism and Ideology: Shelley's Political Prose and Its Philosophical Context from Bacon to Marx,* Iowa City, University of Iowa Press, 1988.

HOGLE, Jerrold E., *Shelley's Process: Radical Transference and the Development of His Major Works,* Nueva York, Oxford University Press, 1988.

JONES, Steven E., *Shelley's Satire: Violence, Exhortation, and Authority,* DeKalb, Northern Illinois University Press, 1994.

KEACH, William, *Shelley's Style,* Londres, Methuen, 1984.

KIPPERMAN, Mark, «History and Ideality: The Politics of Shelley's "Hellas"», *Studies in Romanticism,* 30 (1991), 147-169.

KUCICH, Greg, *Keats, Shelley, and Romantic Spenserianism,* University Park: Pennsylvania State University Press, 1991.

LEIGHTON, Angela, *Shelley and the Sublime: An Interpretation of the Major Poems,* Cambridge, Cambridge University Press, 1984.

MCNIECE, Gerald, *Shelley and the Revolutionary Idea,* Cambridge, MA, Harvard University Press, 1969.

Morton, Timothy, *Shelley and the Revolution in Taste: The Body and the Natural World,* Cambridge, Cambridge University Press, 1995.

Notopoulos, James A., *The Platonism of Shelley: A Study of Platonism and the Poetic Mind,* Durham, NC, Duke University Press, 1949.

O'Neill, Michael, *The Human Mind's Imaginings: Conflict and Achievement in Shelley's Poetry,* Oxford, Clarendon Press, 1989.

Pulos, C. E., *The Deep Truth: A Study of Shelley's Skepticism,* Lincoln, University of Nebraska Press, 1954.

Reiman, Donald H., *Percy Bysshe Shelley,* Boston, Twayne, 1969; revisado en la nueva edición: Boston, G. K. Hall, 1990.

Richardson, Donna, «An Anatomy of Solitude: Shelley's Response to Radical Skepticism in "Alastor"», *Studies in Romanticism,* 31 (1992), 171-196.

Roberts, Hugh, *Shelley and the Chaos of History: A New Politics of Poetry,* University Park, Pennsylvania State University Press, 1997.

Robinson, Charles E., *Shelley and Byron: The Snake and Eagle Wreathed in Fight,* Baltimore, Johns Hopkins University Press, 1976.

Scrivener, Michael Henry, *Radical Shelley: The Philosophical Anarchism and Utopian Thought of Percy Bysshe Shelley,* Princeton, Princeton University Press, 1982.

Sperry, Stuart, *Shelley's Major Verse: The Narrative and Dramatic Poetry,* Cambridge, MA, Harvard University Press, 1988.

Tetreault, Ronald, *The Poetry of Life: Shelley and Literary Form,* Toronto, University of Toronto Press, 1987.

Ulmer, William Andrew, *Shelleyan Eros: The Rhetoric of Romantic Love,* Princeton, Princeton University Press, 1990.

Wasserman, Earl R., *Shelley: A Critical Reading,* Baltimore, Johns Hopkins University Press, 1971.

Webb, Timothy, *Shelley: A Voice Not Understood,* Atlantic Highlands, NJ, Humanities Press, 1977.

— *The Violet in the Crucible: Shelley and Translation,* Oxford, Clarendon Press, 1976.

Weinberg, Alan M., y Webb, Timothy (eds.), *The Unfamiliar Shelley,* Farnham, Ashgate, 2009.

WEISMAN, Karen A., *Imageless Truths: Shelley's Poetic Fictions*, Philadelphia, University of Pennsylvania Press, 1994.

WHEATLEY, Kim, *Shelley and His Readers: Beyond Paranoid Politics*, Columbia, University of Missouri Press, 1999.

YOUNG, Art, *Shelley and Nonviolence*, La Haya, Mouton, 1975.

OBRAS SOBRE SHELLEY Y SU TIEMPO

ABRAMS, M. H., *Natural Supernaturalism: Tradition and Revolution in Romantic Literature*, Nueva York, W. W. Norton, 1971.

ALTICK, Richard D., *The English Common Reader: A Social History of the Mass Reading Public, 1800-1900*, Chicago, University of Chicago Press, 1957.

BAMFORD, Samuel, *Passages in the Life of A Radical* (1842), conveniently published in an edition edited by Tim Hilton, Oxford, Oxford University Press, 1984.

BEHRENDT, Stephen C. (ed.), *History and Myth: Essays on English Romantic Literature*, Detroit, Wayne State University Press, 1989.

BUTLER, Marily, *Romantics, Rebels and Reactionaries: English Literature and its Background, 1760-1830*, Oxford, Oxford University Press, 1982.

CHANDLER, James, *England in 1819: The Politics of Literary Culture and the Case of Romantic Historicism*, Chicago, University of Chicago Press, 1998.

CURRAN, Stuart (ed.), *The Cambridge Companion to British Romanticism*, Cambridge, Cambridge University Press, 1993.

ENGELL, James, *The Creative Imagination: Enlightenment to Romanticism*, Cambridge, MA, Harvard University Press, 1981.

ERICKSON, Carolly, *Our Tempestuous Day: A History of Regency England*, Nueva York, William Morrow, 1986.

FRAISTAT, Neil, *The Poem and the Book: Interpreting Collections of Romantic Poetry*, Chapel Hill, University of North Carolina Press, 1985.

GAULL, Marilyn. *English Romanticism: The Human Context*, Nueva York, W. W. Norton, 1988.

HOBSBAWM, E. J., *The Age of Revolution, 1789-1848*, Londres, 1962.

HONOUR, Hugh, *Romanticism*, Londres, 1982.

KELLY, Gary, *English Fiction of the Romantic Period, 1789-1830,* Londres, Longman, 1989.

LEVINSON, Marjorie, *The Romantic Fragment Poem: A Critique of a Form,* Chapel Hill, University of North Carolina Press, 1986.

LOW, Donald A., *That Sunny Dome: A Portrait of Regency Britain,* Londres, Dent, 1977.

— *Thieves' Kitchen: The Regency Underworld,* Gloucester, Alan Sutton, 1987.

McGANN, Jerome J., *The Romantic Ideology: A Critical Investigation,* Chicago, University of Chicago Press, 1983.

MELLOR, Anne, *Romanticism and Gender,* Nueva York, Routledge, 1993.

PAULSON, Ronald, *Representations of Revolution, 1789-1820,* New Haven, Yale University Press, 1983.

PRIESTLEY, J. B., *The Prince of Pleasure and His Regency,* Nueva York, Harper and Row, 1969.

PURKIS, John, *The World of the English Romantic Poets: A Visual Approach,* Londres, Heinemann, 1982.

RAJAN, Tilottama, *Dark Interpreter: The Discourse of Romanticism,* Toronto, University of Toronto Press, 1987.

— *The Supplement of Reading: Figures of Understanding in Romantic Theory and Practice,* Ithaca, Cornell University Press, 1990.

RICKWORD, Edgell, *Radical Squibs & Royal Ripostes: Satirical Pamphlets of the Regency Period, 1819-1821,* ilustrado por George Cruikshank y otros, Edgell Rickword (ed.), Somerset *[sic],* Adams and Dart, 1971.

ROYLE, Edward, y WALVIN, James, *English Radicals and Reformers, 1760-1848,* Lexington, University Press of Kentucky, 1982.

THORSLEV, Peter L. Jr., *Romantic Contraries: Freedom versus Destiny,* New Haven, Yale University Press, 1984.

TWITCHELL, James B., *Romantic Horizons: Aspects of the Sublime in English Poetry and Painting, 1770-1850,* Columbia, University of Missouri Press, 1983.

WOODRING, Carl, *Politics in English Romantic Poetry,* Cambridge, MA, Harvard University Press, 1970.

PROMETHEUS UNBOUND

A lyrical drama in four acts

PROMETEO LIBERADO

Drama lírico en cuatro actos

Audisne haec Amphiarae, sub terram abdite?

Audisne haec Amphiarae, sub terram abdite?

PREFACE

THE Greek tragic writers, in selecting as their subject any portion of their national history or mythology, employed in their treatment of it a certain arbitrary discretion. They by no means conceived themselves bound to adhere to the common interpretation or to imitate in story as in title their rivals and predecessors. Such a system would have amounted to a resignation of those claims to preference over their competitors which incited the composition. The Agamemnonian story was exhibited on the Athenian theatre with as many variations as dramas.

I have presumed to employ a similar license. The *Prometheus Unbound* of Aeschylus supposed the reconciliation of Jupiter with his victim as the price of the disclosure of the danger threatened to his empire by the consummation of his marriage with Thetis. Thetis, according to this view of the subject, was given in marriage to Peleus, and Prometheus, by the permission of Jupiter, delivered from his captivity by Hercules. Had I framed my story on this model, I should have done no more than have attempted to restore the lost drama of Aeschylus; an ambition which, if my preference to this mode of treating the subject had incited me to cherish, the recollection of the high comparison such an attempt would challenge might well abate. But, In truth, I was averse from a catastrophe so feeble as that of reconciling the Champion with the Oppressor of

PRÓLOGO DEL AUTOR

Los escritores de tragedia griegos, al seleccionar como asunto de sus obras aspectos de la historia y los mitos de su tierra, realizaron dicho proceso de una manera arbitraria. De ninguna forma se vieron a sí mismos como autores que aceptan la interpretación común, ni tampoco se dedicaron a emular en la trama de la historia y en su título a sus rivales o a aquellos que los habían precedido. Tal procedimiento habría implicado el rechazo a presentarse como autores diferentes de sus rivales y esto mismo es lo que les incitaba a escribir. La historia de Agamenón tuvo en su representación teatral ateniense muchas variantes distintas.

Yo he optado por usar una licencia similar. El *Prometeo liberado* que escribió Esquilo conllevaba una reconciliación de Júpiter con su víctima como una especie de precio a cobrar por la revelación del peligro que amenazaba su poder y su imperio, dada la consumación del matrimonio con Tetis. Tetis, según el punto de vista del asunto, fue dada como novia a Peleo, y Prometeo quedó liberado por el semidiós Hércules porque Júpiter así lo había establecido. Si yo me hubiera limitado a escribir según este modelo, solo habría intentado de modo fútil recuperar esa obra perdida de Esquilo; una ambición según la cual, si yo hubiera escogido tratar así el tema, recordar la comparación con el alto Esquilo habría inutilizado todo intento y desafío por mi

mankind. The moral interest of the fable, which is so powerfully sustained by the sufferings and endurance of Prometheus, would be annihilated if we could conceive of him as unsaying his high language and quailing before his successful and perfidious adversary. The only imaginary being, resembling in any degree Prometheus, is Satan; and Prometheus is, in my judgment, a more poetical character than Satan, because, in addition to courage, and majesty, and firm and patient opposition to omnipotent force, he is susceptible of being described as exempt from the taints of ambition, envy, revenge, and a desire for personal aggrandizement, which, in the hero of *Paradise Lost,* interfere with the interest. The character of Satan engenders in the mind a pernicious casuistry which leads us to weigh his faults with his wrongs, and to excuse the former because the latter exceed all measure. In the minds of those who consider that magnificent fiction with a religious feeling it engenders something worse. But Prometheus is, as it were, the type of the highest perfection of moral and Intellectual nature impelled by the purest and the truest motives to the best and noblest ends.

This Poem was chiefly written upon the mountainous ruins of the Baths of Caracalla, among the flowery glades and thickets of odoriferous blossoming trees, which are extended in ever winding labyrinths upon its immense platforms and dizzy arches suspended in the air. The bright blue sky of Rome, and the effect of the vigorous awakening spring in that divinest climate, and the new life with which it drenches the spirits even to intoxication, were the inspiration of this drama.

The imagery which I have employed will be found, in many instances, to have been drawn from the operations of the human mind, or from those external actions by which they are expressed. This is unusual in modern poetry, although Dante and Shakespeare are full of instances of the same kind; Dante indeed more than any other poet, and

parte. Pero lo cierto es que yo tenía rechazo a una solución tan débil como la reconciliación del Héroe con el Tirano de la Humanidad. La esencia moral de la fábula, que está poderosamente sostenida con el sufrimiento y aguante de Prometeo, sería inverosímil si pensáramos en Prometeo arrepentido de su alto discurso, un Prometeo temeroso de su rival malvado que es quien logra el triunfo final. La única fuerza o ser imaginario capaz de parecerse en algún aspecto a Prometeo es Satán; y Prometeo es, según mi opinión, un personaje con mayor relieve poético que Satán, dado que, además de su coraje y altura, y su firme y paciente oposición a la fuerza todopoderosa, se le puede describir como limpio de todo tipo de manchas, tales como la ambición, la envidia, la venganza, y el delirio de grandeza que en el protagonista de *Paradise Lost* interfieren con la obra misma. Este personaje de Satán engendra en el pensamiento una casuística perniciosa que nos lleva a comparar sus culpas con sus errores, y a justificar las primeras porque los segundos exceden toda medida. Todo esto es aún peor para quienes abordan ese magnífico libro con un sentir religioso. Pero Prometeo encarna, digámoslo ya, el prototipo más excelso de perfección moral e intelectual, pues actúa impelido por las causas más verdaderas y puras y se dirige siempre hacia los mejores y más nobles fines.

Este Poema fue escrito en su mayor parte en las ruinas de las termas de Caracalla, entre calveros florecidos y frondosos bosques cuyo perfume se extiende en los laberintos del viento sobre sus inmensas plataformas y arcos abrumadores que en el aire están sostenidos. El cielo azul y brillante de Roma, y el efecto del vigoroso amanecer de la primavera en clima tan divino, y la nueva vida que embriaga al espíritu, inspiraron este drama en verso.

Las imágenes que he utilizado han provenido en muchos casos de los procesos internos del pensamiento humano o de la forma externa en que se expresan. Creo que esto es insólito en la poesía moderna, aunque tanto Dante como

with greater success. But the Greek poets, as writers to whom no resource of awakening the sympathy of their contemporaries was unknown, were in the habitual use of this power; and it is the study of their works (since a higher merit would probably be denied me) to which I am willing that my readers should impute this singularity.

One word is due in candor to the degree in which the study of contemporary writings may have tinged my composition, for such has been a topic of censure with regard to poems far more popular, and indeed more deservedly popular, than mine. It is impossible that any one, who inhabits the same age with such writers as those who stand in the foremost ranks of our own, can conscientiously assure himself that his language and tone of thought may not have been modified by the study of the productions of those extraordinary intellects. It is true that, not the spirit of their genius, but the forms in which it has manifested itself, are due less to the peculiarities of their own minds than to the peculiarity of the moral and intellectual condition of the minds among which they have been produced. Thus a number of writers possess the form, whilst they want the spirit of those whom, it is alleged, they imitate; because the former is the endowment of the age in which they live, and the latter must be the uncommunicated lightning of their own mind.

The peculiar style of intense and comprehensive imagery which distinguishes the modern literature of England has not been, as a general power, the product of the imitation of any particular writer. The mass of capabilities remains at every period materially the same; the circumstances which awaken it to action perpetually change. If England were divided into forty republics, each equal in population and extent to Athens, there is no reason to suppose but that, under institutions not more perfect than those of Athens, each would produce philosophers and poets equal to those who (if we except Shakespeare) have nev-

Shakespeare siguen una imaginación similar: en verdad, Dante más que cualquier otro poeta, y con mayor éxito. Pero los poetas griegos, como escritores que sabían todos los recursos para despertar la simpatía e identificación de sus contemporáneos, también solían usar esta capacidad; y es al estudio de sus obras (ya que cualquier mérito más alto se me podrá negar probablemente) a lo que me encantaría que mis lectores atribuyeran tal singularidad.

Debo ahora aclarar, candorosamente, hasta qué nivel el estudio de obras contemporáneas a la mía puede haber influido en mi poema, dado que ello ha sido causa de censura hacia poemas más populares e incluso mejores que los míos. Es imposible que un escritor que viva en la misma época de sus contemporáneos pueda tener tranquila la conciencia en cuanto a que su discurso y su modo de pensar poéticamente no se hayan vistos afectados con la investigación de la obra de esas mentes privilegiadas. Es verdad que, no el espíritu mismo de su genio, sino las formas en que se ha manifestado se deben en buena medida no tanto a las características de su personalidad como a lo singular de la moral y el intelecto de las almas entre las que han sido causadas. Así, hay escritores que tienen la forma, pero no tienen el espíritu de sus supuestos modelos; porque la forma depende de la época, pero el espíritu es el inefable relámpago de su mente, su sello, su originalidad.

Las imágenes potentes que caracterizan a la literatura inglesa moderna no se deben, en cuanto capacidad común, a la imitación de ningún escritor en concreto. Las capacidades y recursos son los mismos, materialmente, en cada época; lo que varían son las circunstancias en que aquellos se emplean. Si Inglaterra fuera dividida en cuarenta repúblicas, siendo cada una de ellas similar a Atenas en población y territorio, podríamos legítimamente suponer que, sometidas a unas instituciones no más perfectas que las de Atenas, cada república engendraría poetas y filósofos de parecida calidad (con la excepción de Shakespeare) a los que

er been surpassed. We owe the great writers of the golden age of our literature to that fervid awakening of the public mind which shook to dust the oldest and most oppressive form of the Christian religion. We owe Milton to the progress and development of the same spirit: the sacred Milton was, let it ever be remembered, a republican and a bold inquirer into morals and religion. The great writers of our own age are, we have reason to suppose, the companions and forerunners of some unimagined change in our social condition or the opinions which cement it. The cloud of mind is discharging its collected lightning, and the equilibrium between institutions and opinions is now restoring or is about to be restored.

As to imitation, poetry is a mimetic art. It creates, but it creates by combination and representation. Poetical abstractions are beautiful and new, not because the portions of which they are composed had no previous existence in the mind of man or in Nature, but because the whole produced by their combination has some intelligible and beautiful analogy with those sources of emotion and thought and with the contemporary condition of them. One great poet is a masterpiece of Nature which another not only ought to study but must study. He might as wisely and as easily determine that his mind should no longer be the mirror of all that is lovely in the visible universe as exclude from his contemplation the beautiful which exists in the writings of a great contemporary. The pretence of doing it would be a presumption in any but the greatest; the effect, even in him, would be strained, unnatural and ineffectual. A poet is the combined product of such internal powers as modify the nature of others, and of such external influences as excite and sustain these powers; he is not one, but both. Every man's mind is, in this respect, modified by all the objects of Nature and art; by every word and every suggestion which he ever admitted to act upon his consciousness; it is the mirror upon which all forms are reflected and in which

[74]

jamás se ha superado. Debemos a los grandes escritores de la Edad de Oro de nuestra literatura el férvido despertar de un pensamiento público que destruyó por completo el modelo más anciano y tiránico de la religión cristiana. Debemos a Milton el avance y desarrollo del mismo espíritu, pues Milton, el divino, siempre fue partidario de la República, y un comprometido explorador de los ámbitos moral y religioso. Los escritores mayores de nuestra propia época —y así hemos de defenderlo— son los precursores y compañeros de una transformación insólita que está surgiendo en nuestro ámbito social o en opiniones que la consolidan. La nube del pensamiento ahora emite un tranquilo relámpago y parece que el equilibrio entre instituciones y opiniones se está recuperando o está muy cerca de lograrse.

Respecto a la imitación, la poesía es el arte de la mimesis. La poesía es creadora, pero crea mediante la combinación y la representación. Toda abstracción poética es bella y novedosa no porque sus elementos no tuvieran ya un lugar previo en la mente humana o en la naturaleza, sino porque la totalidad que se deriva de esta combinación presenta alguna analogía hermosa, que no comprendemos del todo, con la base de la emoción y el pensamiento y con el hecho de su contemporaneidad: un poeta grande es una obra maestra de la naturaleza, y otro poeta no solo debería estudiarlo, sino que tiene la obligación de hacerlo. Debería sabia y fácilmente decidir que su mente ya no sea un espejo de toda la hermosura del universo visible, o desdeñar la belleza que puede residir en la obra de un coetáneo. Hablamos de algo que es una osadía para cualquiera, pero no para los mejores; incluso en ellos la consecuencia sería no natural, forzada, y sin eficacia. Un poeta es hijo de una capacidad interna que varía la naturaleza de otras y de las ajenas influencias que estimulan su propio genio; no es solo una cosa, sino las dos. Todas las cosas de la naturaleza y el arte, y cada palabra que haya ejercido su poder sobre la mente de los hombres, todo ello contribuye a forjar el espíritu humano; he ahí el

they compose one form. Poets, not otherwise than philosophers, painters, sculptors and musicians, are, in one sense, the creators, and, in another, the creations, of their age. From this subjection the loftiest do not escape. There is a similarity between Homer and Hesiod, between Aeschylus and Euripides, between Virgil and Horace, between Dante and Petrarch, between Shakespeare and Fletcher, between Dryden and Pope; each has a generic resemblance under which their specific distinctions are arranged. If this similarity be the result of imitation, I am willing to confess that I have imitated.

Let this opportunity be conceded to me of acknowledging that I have what a Scotch philosopher characteristically terms a 'passion for reforming the world:' what passion incited him to write and publish his book he omits to explain. For my part I had rather be damned with Plato and Lord Bacon than go to Heaven with Paley and Malthus. But it is a mistake to suppose that I dedicate my poetical compositions solely to the direct enforcement of reform, or that I consider them in any degree as containing a reasoned system on the theory of human life. Didactic poetry is my abhorrence; nothing can be equally well expressed in prose that is not tedious and supererogatory in verse. My purpose has hitherto been simply to familiarize the highly refined imagination of the more select classes of poetical readers with beautiful idealisms of moral excellence; aware that, until the mind can love, and admire, and trust, and hope, and endure, reasoned principles of moral conduct are seeds cast upon the highway of life which the unconscious passenger tramples into dust, although they would

espejo en que se contemplan todas las formas y donde todas constituyen una única forma. Los poetas (pero también los pintores, los músicos, los escultores, los filósofos, etc.) son tanto los creadores como la obra de su época. Y de tal yugo no se libran ni los mejores. Hay cosas que tienen en común Homero y Hesíodo, Esquilo y Eurípides, que comparten Virgilio y Horacio, como también Dante y Petrarca, o Shakespeare y Fletcher, y Dryden y Pope; hay una semejanza común bajo la cual florece la personalidad de cada uno. Y si esta semejanza es hija de la pura imitación, entonces yo he imitado.

Ahora quiero reconocer que tengo lo que un filósofo escocés denomina «una pasión de reformar el mundo», pero omite explicar qué pasión le hizo escribir y publicar el libro. En cuanto a mí, antes deseo ser condenado con Platón y Lord Bacon que compartir el Cielo con Paley y Malthus[1]. Pero no caigamos en el error de creer que dedico poemas solo a la lucha por la reforma, o que creo que pueden, de alguna manera, incluir todo un sistema filosófico sobre la teoría de la vida humana. La poesía didáctica es mi aberración favorita; lo que se puede decir bien en prosa resulta prosaico y aburrido en verso. Mi propósito, sencillamente, siempre ha sido el de unir la imaginación exquisita de los más selectos lectores de poesía con los hermosos ideales de una grandeza moral, sabiendo que hasta que el espíritu no sea capaz de amar, valorar, confiar, mostrar esperanza y resistencia al dolor, los principios morales dictados por la Razón son como semillas lanzadas a voleo sobre el camino de la vida que el inconsciente peatón pisa y aplasta hasta hacerlas polvo, aunque lleven dentro de sí la

---

[1] Thomas Robert Malthus (1766-1834) fue un clérigo anglicano y un erudito que influyó mucho en los campos de la economía política y la demografía. A su vez, William Paley (1743-1805) fue un filósofo y teólogo que, en su obra *Teología natural,* estableció la famosa analogía de Dios como *relojero* o diseñador del mundo.

bear the harvest of his happiness. Should I live to accomplish what I purpose, that is, produce a systematical history of what appear to me to be the genuine elements of human society, let not the advocates of injustice and superstition flatter themselves that I should take Aeschylus rather than Plato as my model.

The having spoken of myself with unaffected freedom will need little apology with the candid; and let the uncandid consider that they injure me less than their own hearts and minds by misrepresentation. Whatever talents a person may possess to amuse and instruct others, be they ever so inconsiderable, he is yet bound to exert them: if his attempt be ineffectual, let the punishment of an unaccomplished purpose have been sufficient; let none trouble themselves to heap the dust of oblivion upon his efforts; the pile they raise will betray his grave which might otherwise have been unknown.

P. B. S.

cosecha de su dicha. Si tengo vida suficiente para cumplir lo que deseo, esto es, crear una historia y un sistema de los que yo considero elementos genuinos de la sociedad humana, que no se jacten los abogados de la injusticia de que mi modelo sea Esquilo y no Platón.

Y si he hablado de mí con tanta naturalidad no hará falta justificarme ante los lectores devotos; en cuanto a los hipócritas, que consideren que me hieren menos que sus corazones y sus pensamientos tergiversados. Si una persona posee cualquier talento para divertir e instruir a los demás, por muy poco que sea ese talento, tiene la obligación moral de ejercerlo. Y si lo intenta y no lo logra, que sea su castigo ese fracaso; no os molestéis siquiera en aumentar el polvo del olvido sobre sus esfuerzos; el montón de polvo revelará su tumba, que de otra manera habría seguido siendo desconocida.

P. B. S.

Dramatis personae

PROMETHEUS
DEMOGORGON
JUPITER
THE EARTH
OCEAN
APOLLO
MERCURY
HERCULES
ASIA, PANTHEA, IONE (OCEANIDES)
THE PHANTASM OF JUPITER
THE SPIRIT OF THE EARTH
THE SPIRIT OF THE MOON
SPIRITS OF THE HOURS
SPIRITS, ECHOES, FAUNS, FURIES

Personajes

Prometeo
Demogorgon
Júpiter
La Tierra
El océano
Apolo
Mercurio
Hércules
Asia, Panthea, Ione (Oceánidas)
El fantasma de Júpiter
El espíritu de la Tierra
El espíritu de la Luna
Espíritus de las Horas
Otros espíritus, Ecos, Faunos, Furias

ACT I

SCENE. — *A Ravine of Icy Rocks in the Indian Caucasus.*
PROMETHEUS *is discovered bound to the Precipice.*
PANTHEA *and* IONE *are seated at his feet.*
Time, night. During the Scene, morning slowly breaks.

PROMETHEUS

Monarch of Gods and Daemons, and all Spirits
But One, who throng those bright and rolling worlds
Which Thou and I alone of living things
Behold with sleepless eyes! regard this Earth
Made multitudinous with thy slaves, whom thou
Requitest for knee-worship, prayer, and praise,
And toil, and hecatombs of broken hearts,
With fear and self-contempt and barren hope.
Whilst me, who am thy foe, eyeless in hate,
Hast thou made reign and triumph, to thy scorn,
O'er mine own misery and thy vain revenge.
Three thousand years of sleep-unsheltered hours,
And moments aye divided by keen pangs
Till they seemed years, torture and solitude,
Scorn and despair, — these are mine empire: —
More glorious far than that which thou surveyest

ACTO I

ESCENA. *Barranco de piedras heladas en el Cáucaso hindú.*
Descubrimos a PROMETEO *atado y sujeto al precipicio.*
A sus pies se sientan PANTHEA *e* IONE.
Es de noche. Pero amanece poco a poco en la escena.

PROMETEO

Monarca de los dioses,
los demonios y todos los Espíritus
salvo Uno, Tú que haces
rodar esos brillantes mundos, ¡los que
solamente Tú y yo entre los vivos
contemplamos con ojos bien despiertos!
Mira tú esta Tierra tan poblada de esclavos,
a los que premias por su adoración,
su oración y alabanzas y su esfuerzo,
por darte en sacrificio sus corazones rotos,
con miedo y sin estima propia y sin
esperanza ninguna. Y sin embargo a mí,
que soy enemigo tuyo y que te odio,
me has hecho gobernar, para tu escarnio,
cargar con mi miseria y tu venganza vana.
No he podido dormir en tres mil años,
con momentos de un gran dolor agudo
que años creí yo, tortura y soledad,
y burla y desesperación: he aquí
mi imperio, más glorioso que el que Tú

From thine unenvied throne, O Mighty God!
Almighty, had I deigned to share the shame
Of thine ill tyranny, and hung not here
Nailed to this wall of eagle-baffling mountain,
Black, wintry, dead, unmeasured; without herb,
Insect, or beast, or shape or sound of life.
Ah me! alas, pain, pain ever, for ever!

No change, no pause, no hope! Yet I endure.
I ask the Earth, have not the mountains felt?
I ask yon Heaven, the all-beholding Sun,
Has it not seen? The Sea, in storm or calm,
Heaven's ever-changing Shadow, spread below,
Have its deaf waves not heard my agony?
Ah me! alas, pain, pain ever, for ever!

The crawling glaciers pierce me with the spears
Of their moon-freezing crystals, the bright chains
Eat with their burning cold into my bones.
Heaven's winged hound, polluting from thy lips
His beak in poison not his own, tears up
My heart; and shapeless sights come wandering by,
The ghastly people of the realm of dream,
Mocking me: and the Earthquake-fiends are charged
To wrench the rivets from my quivering wounds
When the rocks split and close again behind:
While from their loud abysses howling throng
The genii of the storm, urging the rage
Of whirlwind, and afflict me with keen hail.

examinas ahora desde el trono terrible,
¡oh Poderoso Dios! Más poder aún tendrías
si yo fuera tirano junto a ti,
y entonces no estaría suspendido
colgado de montañas que ni el águila alcanza,
invernales y negras y muertas, sin medida,
sin hierba, insecto, bestia, ya sin formas
ni señales de vida. ¡Ay, ay, pobre de mí!
¡Ay, dolor, qué dolor ya para siempre!

¡No hay mutación ni pausa ni esperanza!
Sin embargo, soporto todo eso.
Le pregunto a la Tierra: ¿las montañas no sienten?
Y al Cielo le pregunto:
¿Sol que todo lo observas, estás ciego?
Y el Mar, bajo tormentas o calmado,
Espejo de los cambios de su Cielo,
¿prohíbe al sordo oleaje oír mi angustia?
¡Ay, dolor, qué dolor ya para siempre!

Los glaciares se arrastran, me atraviesan con lanzas
de un cristal que fue helado por la luna;
las brillantes cadenas muerden hasta mis huesos
con su frío tan ardiente. Y el Sabueso con alas
del Cielo,
el que bebe veneno de tus labios,
me desgarra mi pobre corazón.
Mis visiones sin forma desfilan y se burlan,
fantasmal población del reino de los sueños;
y los demonios de los Terremotos
arrancan los remaches de mis pobres heridas
cada vez que se parten y se cierran las rocas;
también los genios de la tempestad
surgen desde las simas estruendosas,
alentando el furor del torbellino,
castigándome con granizo hiriente.

And yet to me welcome is day and night,
Whether one breaks the hoar frost of the morn,
Or starry, dim, and slow, the other climbs
The leaden-coloured east; for then they lead
The wingless, crawling hours, one among whom
— As some dark Priest hales the reluctant victim —
Shall drag thee, cruel King, to kiss the blood
From these pale feet, which then might trample thee
If they disdained not such a prostrate slave.
Disdain I Ah no! I pity thee. What ruin
Will hunt thee undefended through wide Heaven!
How will thy soul, cloven to Its depth with terror,
Gape like a hell within! I speak in grief,
Not exultation, for I hate no more,
As then ere misery made me wise. The curse
Once breathed on thee I would recall. Ye Mountains,
Whose many-voiced Echoes, through the mist
Of cataracts, flung the thunder of that spell!
Ye Icy Springs, stagnant with wrinkling frost,
Which vibrated to hear me, and then crept
Shuddering through India! Thou serenest Air,
Through which the Sun walks burning without beams!
And ye swift Whirlwinds, who on poised wings
Hung mute and moveless o'er yon hushed abyss,
As thunder, louder than your own, made rock
The orbed world If then my words had power,
Though I am changed so that aught evil wish

Y sin embargo doy la bienvenida
al día y a la noche, pues el día disuelve
las escarchas del alba, mientras la noche sube
oscura, lenta y estrellada sube
por el este tan gris; y noche y día
conducen a las horas sin alas y reptantes,
y una entre ellas —negro Sacerdote
que arrastra ya a su víctima reacia—
acabará contigo, cruel Monarca,
y en el suelo estarás, obligado a besar
la sangre de estos pies que están tan pálidos;
ten por seguro que te pisotearían
si no te desdeñaran como esclavo que eres.
¡Desdeñarte! ¡Ya no! Piedad te tengo.
¡La ruïna te busca y te hallará
sin defensa ninguna por el Cielo!
¡Como infierno interior tu alma se abrirá
hendida en lo profundo del terror!
Y te hablo con dolor, no exaltado,
pues ya no odio más;
me dio sabiduría la miseria.
Recuerdo ahora esa maldición
sobre ti exhalada. ¡Y vosotras, Montañas,
de muy diversos ecos, a través de ese velo
de una catarata emitisteis el trueno
del conjuro! ¡Vosotros, helados Manantiales,
de hielos escarpados y estancados,
que al oírme vibrasteis y llegasteis después
trémulos a la India! ¡Y Tú, sereno Aire,
territorio del Sol que camina sin rayos!
¡Vosotros, Torbellinos, veloces, que os cernisteis
inmóviles y mudos sobre abismos tranquilos,
al sonar otro trueno, más fuerte que los vuestros,
destrozó todo el orbe!
Si eran poderosas mis palabras,
aunque ahora he cambiado y los malos deseos

Is dead within; although no memory be
Of what is hate, let them not lose It now!
What was that curse? for ye all heard me speak.

FIRST VOICE *(from the Mountains)*

Thrice three hundred thousand years
O'er the Earthquake's couch we stood:
Oft, as men convulsed with fears,
We trembled in our multitude.

SECOND VOICE *(from the Springs)*

Thunderbolts had parched our water,
We had been stained with bitter blood,
And had run mute, 'mid shrieks of slaughter,
Thro' a city and a solitude.

THIRD VOICE *(from the Air)*

I had clothed, since Earth uprose,
Its wastes in colours not their own,
And oft had my serene repose
Been cloven by many a rending groan,

FOURTH VOICE *(from the Whirlwinds)*

We had soared beneath these mountains
Unresting ages; nor had thunder,
Nor yon volcano's flaming fountains,
Nor any power above or under
Ever made us mute with wonder,

FIRST VOICE

But never bowed our snowy crest
As at the voice of thine unrest.

están muertos en mí y ya no tengo odio,
¡que ahora no lo pierdan, eso pido!
¿Cuál fue la maldición? Vosotros la escuchasteis.

PRIMERA VOZ *(desde las Montañas)*

Fueron novecientos mil años
los que aguantamos sobre el Terremoto:
con frecuencia, cual hombres asustados,
en una multitud temblamos todas.

SEGUNDA VOZ *(desde los Manantiales)*

Los rayos han secado nuestro seno,
y la matanza nos manchó y corrimos
gritando en medio de la soledad
de una ciudad muy sola.

TERCERA VOZ *(desde el Aire)*

Se alzó la Tierra y yo pude vestirla
por completo en colores que eran míos
y a menudo yo he visto quebrarse mi reposo
por lamentos que son desgarradores.

CUARTA VOZ *(desde los Torbellinos)*

Entre estas Montañas nos elevamos todos
en épocas violentas; no hubo trueno
ni manantial ardiente de un volcán
ni poder en la Tierra o en la altura
que nos hiciera enmudecer de pasmo.

PRIMERA VOZ

Y jamás inclinamos nuestra cresta nevada
como al oír la voz de tu inquietud.

[89]

SECOND VOICE

Never such a sound before
To the Indian waves we bore.
A pilot asleep on the howling sea
Leaped up from the deck in agony,
And heard, and cried, «Ah, woe is me!».
And died as mad as the wild waves be.

THIRD VOICE

By such dread words from Earth to Heaven
My still realm was never riven:
When Its wound was closed, there stood
Darkness o'er the day like blood.

FOURTH VOICE

And we shrank back: for dreams of ruin
To frozen caves our flight pursuing
Made us keep silence — thus — and thus —
Though silence Is as hell to us.

THE EARTH

The tongueless Caverns of the craggy hills
Cried, «Misery!» then; the hollow Heaven replied,
«Misery!». And the Ocean's purple waves,
Climbing the land, howled to the lashing winds,
And the pale nations heard It, «Misery!».

Segunda voz

Y nunca hasta las olas de la India
habíamos llevado tal sonido.
El piloto dormido en plena tempestad
saltó de la cubierta muy asustado
y escuchó y él mismo lo gritaba:
«¡Pobre, pobre de mí!», y así murió
demente como las salvajes olas.

Tercera voz

Mas mi reino tranquilo no alcanzaron
las terribles palabras de la Tierra.
La herida se cerró; manó la oscuridad
cual sangre sobre el día.

Cuarta voz

Retrocedimos; sueños de ruïna
seguían nuestro vuelo hasta cuevas heladas,
y nos hacían estar bien en silencio
así —y de este modo—
pero para nosotras el silencio
es un temible infierno.

La Tierra

No podían hablar las cavernas del monte,
pero gritaron: «¡Qué pena tan grande!».
Y el Cielo hueco contestaba: «¡Sí,
qué pena!» y las olas rojizas del Océano
trepando por la tierra aullaron a los vientos,
y toda nación pálida los oía clamar:
»¡Qué pena!».

PROMETHEUS

I heard a sound of voices: not the voice
Which I gave forth. Mother, thy sons and thou
Scorn him, without whose all-enduring will
Beneath the fierce omnipotence of Jove,
Both they and thou had vanished, like thin mist
Unrolled on the morning wind. Know ye not me,
The Titan? He who made his agony
The barrier to your else all-conquering foe?
Oh, rock-embosomed lawns, and snow-fed streams,
Now seen athwart frore vapours, deep below,
Through whose o'ershadowing woods I wandered once
With Asia, drinking life from her loved eyes;
Why scorns the spirit which informs ye, now
To commune with me? me alone, who checked,
As one who checks a fiend-drawn charioteer,
The falsehood and the force of him who reigns
Supreme, and with the groans of pining slaves
Fills your dim glens and liquid wildernesses:
Why answer ye not, still? Brethren!

THE EARTH

They dare not.

PROMETHEUS

Who dares? for I would hear that curse again.
Ha, what an awful whisper rises up!
'Tis scarce like sound: it tingles through the frame
As lightning tingles, hovering ere it strike.

PROMETEO

Varias voces escucho, no la mía.
Ya veo, Madre: tus hijos y Tú
os burláis de aquel sin cuya voluntad
que todo lo soporta
bajo el poder de Júpiter, tan fiero,
habríais caído tus hijos y Tú misma,
como delgada niebla en el viento del alba.
¿Ya no me conocéis? Soy el mismo Titán,
el que os protegió con su agonía
de vuestros enemigos poderosos.
Oh prados con sus rocas, arroyos con su nieve,
que entre el vapor helado abajo ahora vislumbro,
por cuyos bosques negros una vez caminé
con Asia, en cuyos ojos yo bebía la vida;
¿Por qué desdeña ahora vuestro espíritu
comulgar con el mío? Yo soy el que frenó,
como el que para una carroza que
tirada por demonios va avanzando,
la fuerza y falsedad de quien reina supremo,
y con lamentos de esclavos exhaustos
llena la tierra que habitáis. ¡Oh hermanos!
¡Respondedme vosotros!

LA TIERRA

No lo harán; no se atreven.

PROMETEO

Pues que alguien se atreva: yo quiero oír de nuevo
aquella maldición. ¡Ay, qué susurros
horribles se han alzado! No parece un sonido,
pero estremece el cuerpo cual relámpago
que se cierne aun antes de golpear.

Speak, Spirit! from thine inorganic voice
I only know that thou art moving near
And love. How cursed I him?

THE EARTH

How canst thou hear
Who knowest not the language of the dead?

PROMETHEUS

Thou art a living spirit; speak as they.

THE EARTH

I dare not speak like life, lest Heaven's fell King
Should hear, and link me to some wheel of pain
More torturing than the one whereon I roll.
Subtle thou art and good, and though the Gods
Hear not this voice, yet thou art more than God,
Being wise and kind: earnestly hearken now.

PROMETHEUS

Obscurely through my brain, like shadows dim,
Sweep awful thoughts, rapid and thick. I feel
Faint, like one mingled in entwining love;
Yet 'tis not pleasure.

THE EARTH

No, thou canst not hear:
Thou art Immortal, and this tongue is known
Only to those who die.

[94]

¡Oh Espíritu, habla! Por tu voz inorgánica
tan solo sé que existes y que amas.
¿Cómo fue, cómo pude maldecirlo?

LA TIERRA

¿Cómo puedes oír si no conoces
la lengua de los muertos?

PROMETEO

Tú eres un espíritu que vive;
habla, pues, como un vivo.

LA TIERRA

Como ser vivo no me atrevo a hablar,
no sea que el maligno Rey del Cielo
pueda oírme y atarme así a la rueda
del dolor que tortura más que el mío.
Tú eres sutil y noble, y aunque los Dioses no
oigan tu voz, tú eres más que un Dios,
puesto que eres amable y sabio: escucha.

PROMETEO

Como las negras sombras a través de mi mente
se deslizan horribles pensamientos.
Desfallecer me siento como el enamorado,
mas sin placer alguno.

LA TIERRA

No, tú no puedes oír:
tú eres inmortal y este idioma lo saben
tan solo los que han muerto.

[95]

And what art thou,
O, melancholy Voice?

The Earth

I am the Earth,
Thy mother; she within whose stony veins,
To the last fibre of the loftiest tree
Whose thin leaves trembled in the frozen air,
Joy ran, as blood within a living frame,
When thou didst from her bosom, like a cloud
Of glory, arise, a spirit of keen joy!
And at thy voice her pining sons uplifted
Their prostrate brows from the polluting dust,
And our almighty Tyrant with fierce dread
Grew pale, until his thunder chained thee here.
Then, see those million worlds which burn and roll
Around us: their inhabitants beheld
My sphered light wane in wide Heaven; the sea
Was lifted by strange tempest, and new fire
From earthquake-rifted mountains of bright snow
Shook its portentous hair beneath Heaven's frown;
Lightning and Inundation vexed the plains;
Blue thistles bloomed in cities; foodless toads
Within voluptuous chambers panting crawled:
When Plague had fallen on man, and beast, and worm,
And Famine; and black blight on herb and tree;
And in the corn, and vines, and meadow-grass,
Teemed ineradicable poisonous weeds
Draining their growth, for my wan breast was dry

PROMETEO

Dime, pues, qué eres tú,
oh Voz tan melancólica.

LA TIERRA

Soy tu madre, la Tierra; por mis venas de piedra,
hasta la fibra última del árbol que es altísimo
cuyas hojas delgadas temblaban con el hielo,
corrió el gozo, cual sangre por un cuerpo,
cuando tú de mi pecho, como nube de gloria,
te alzaste, ¡oh Espíritu feliz!
Y pálidos mis hijos al escuchar tu voz
elevaron la frente humillada del polvo,
y nuestro poderoso Tirano con terror
pálido se volvió y así su trueno
te encadenó aquí. Contempla tú
los mil mundos que brillan y que orbitan
a nuestro alrededor; sus moradores vieron
menguar la luz, arriba, de mi esfera:
el mar se alzó bajo la tempestad,
surgía el fuego de cumbres nevadas
abiertas por un nuevo terremoto
y movía su melena bajo el cielo enfadado;
Vejaron las llanuras la Inundación y el Rayo;
crecían en la ciudad los espinos azules;
hambrientas ranas llenaban los cuartos
donde tuvo lugar cierta lujuria:
sobre el hombre, la bestia y el gusano
cayeron gran Hambruna y dura Plaga,
negra desolación en la hierba y el árbol;
en el trigo, en las parras, la hierba y la pradera
sus raíces echaron las plantas venenosas,
segando todo crecimiento ajeno;
sentí mi pecho lleno de dolor

With grief; and the thin air, my breath, was stained
With the contagion of a mother's hate
Breathed on her child's destroyer; ay, I heard
Thy curse, the which, if thou rememberest not,
Yet my innumerable seas and streams,
Mountains, and caves, and winds, and yon wide air,
And the inarticulate people of the dead,
Preserve, a treasured spell. We meditate
In secret joy and hope those dreadful words,
But dare not speak them.

PROMETHEUS

Venerable mother!
All else who live and suffer take from thee
Some comfort; flowers, and fruits, and happy sounds,
And love, though fleeting; these may not be mine.
But mine own words, I pray, deny me not.

THE EARTH

They shall be told. Ere Babylon was dust,
The Magus Zoroaster, my dead child,
Met his own image walking in the garden.
That apparition, sole of men, he saw.
For know there are two worlds of life and death:
One that which thou beholdest; but the other

y seco por la pena; y mi aliento, este aire,
estaba ya manchado por contagio del odio
que una madre emite contra el enemigo
que tortura a su hijo; y yo escuché
tu maldición, que tal vez no recuerdes,
pero mares y arroyos, montañas y cavernas
y los vientos y el aire abierto y puro
y el pueblo tan discreto de los muertos
preservan esa maldición, tesoro
y conjuro a la vez. Con delicia secreta
y esperanza secreta meditamos
las palabras temibles, las que nadie
se atreve a repetir.

PROMETEO

¡Mi madre venerable!
Ay, todos los que viven, los que sufren
de ti extraen consuelo: las flores y la fruta,
los sonidos felices y el amor más fugaz;
yo no tengo consuelo.
Ruego que no me niegues lo que dije.

LA TIERRA

Se dirán tus palabras. Antes que Babilonia
fuera polvo, el mago Zoroastro[2],
mi hijo muerto, topó con esa viva imagen
de él mismo que cruzaba su jardín.
Y esa aparición tan solo la vio él.
Debes saber que existen los dos mundos,
de vida y de la muerte: uno que puedes ver

---

[2] Zoroastro o Zaratustra fue un filósofo y profeta iraní (628 a.C.-551 a.C.)
que se desvinculó de la antigua religión indoirania para fundar la religión
y la filosofía persas. Nietzsche lo recuperaría en *Así habló Zaratustra*.

Is underneath the grave, where do inhabit
The shadows of all forms that think and live
Till death unite them and they part no more;
Dreams and the light imaginings of men,
And all that faith creates or love desires,
Terrible, strange, sublime and beauteous shapes.
There thou art, and dost hang, a writhing shade,
'Mid whirlwind-peopled mountains; all the gods
Are there, and all the powers of nameless worlds,
Vast, sceptred phantoms; heroes, men, and beasts;
And Demogorgon, a tremendous gloom;
And he, the supreme Tyrant, on his throne
Of burning gold. Son, one of these shall utter
The curse which all remember. Call at will
Thine own ghost, or the ghost of Jupiter,
Hades or Typhon, or what mightier Gods
From all-prolific Evil, since thy ruin
Have sprung, and trampled on my prostrate sons.
Ask, and they must reply: so the revenge
Of the Supreme may sweep through vacant shades,
As rainy wind through the abandoned gate
Of a fallen palace.

PROMETHEUS

Mother, let not aught
Of that which may be evil, pass again
My lips, or those of aught resembling me.
Phantasm of Jupiter, arise, appear!

y el otro que será tuyo en la tumba;
bajo la tumba se apiñan las sombras,
sombras de aquellos que viven y piensan
hasta que las reúne la muerte y ya no escapan;
los sueños, la imaginación humana,
lo que la fe creó, lo que el amor anhela,
las terribles y extrañas, las bellas y sublimes
formas. Y ahora tú, colgado, sombra oscura,
en montañas que baten torbellinos.
Y contigo están ya todos los dioses,
y todos los poderes de los mundos sin nombre,
grandes fantasmas de una corte regia,
héroes, hombres y bestias,
y Demogorgon, que es todo tiniebla;
y él, ese Tirano, allá en su trono
de oro llameante. Hijo mío, oirás
a uno de estos decir la maldición,
la cual todos recuerdan. Convoca tú ahora
a tu propio fantasma o al fantasma de Júpiter,
al de Tifón, al de Hades, o a los Dioses mayores
que son hijos del mal, que de tu ruina
han nacido y han pisoteado
a mis esclavizados hijos buenos.
Tú pregunta, que ellos responderán:
la venganza del ser Supremo puede
arrastrar tantas sombras tan vacías,
como el viento y la lluvia cuando están a las puertas
de un palacio arruinado.

PROMETEO

¡Madre, que nunca más
algo malvado salga de mi boca
o de la boca de mis semejantes!
¡Yo te invoco, oh Espectro del Dios Júpiter!

IONE

My wings are folded o'er mine ears:
My wings are crossed o'er mine eyes:
Yet through their silver shade appears,
And through their lulling plumes arise,
A Shape, a throng of sounds;
May it be no ill to thee
O thou of many wounds!
Near whom, for our sweet sister's sake,
Ever thus we watch and wake,

PANTHEA

The sound is of whirlwind underground,
Earthquake, and fire, and mountains cloven;
The shape Is awful like the sound,
Clothed In dark purple, star-lnwoven.
A sceptre of pale gold
To stay steps proud, o'er the slow cloud
His veined hand doth hold.
Cruel he looks, but calm and strong,
Like one who does, not suffers wrong.

PHANTASM OF JUPITER

Why have the secret powers of this strange world
Driven me, a frail and empty phantom, hither
On direst storms? What unaccustomed sounds
Are hovering on my lips, unlike the voice
With which our pallid race hold ghastly talk
In darkness? And, proud sufferer, who art thou?

IONE

Mis oídos están tapados por mis alas;
y mis ojos tapados por mis alas;
sin embargo a través de su argéntea sombra
y de sus plumas que me arrullan álzase
una Forma, en estruendo populoso;
¡que no sea nada malo para ti,
oh tú, el tan herido!
Pues siempre despertamos vigilantes
junto a ti, por velar a nuestra hermana.

PANTHEA

Suenan los torbellinos subterráneos,
el terremoto, el fuego, las montañas partidas.
Y la forma es horrible, cual lo es el sonido,
con su vestido rojo, con estrellas bordadas.
Un cetro de oro pálido
provoca ese orgullo de sus pasos,
sobre la lenta nube lleva el cetro en la mano.
Y parece tan cruel..., pero es tranquilo y fuerte,
como quien hace el mal sin sufrir nunca.

FANTASMA DE JÚPITER

Decidme qué poderes
secretos de este mundo tan extraño
me han convocado aquí, fantasma débil,
adonde me arrastraron las tormentas.
Decidme qué sonidos nunca oídos
ya pronuncia mi boca, qué voz tan diferente
es esta con la cual nuestra pálida raza
conversa horriblemente entre las sombras?
Tú que sufres y estás lleno de orgullo,
dime solo quién eres.

PROMETHEUS

Tremendous Image, as thou art must be
He whom thou shadowest forth. I am his foe,
The Titan. Speak the words which I would hear,
Although no thought inform thine empty voice.

THE EARTH

Listen! And though your echoes must be mute,
Gray mountains, and old woods, and haunted springs,
Prophetic caves, and isle-surrounding streams,
Rejoice to hear what yet ye cannot speak.

PHANTASM

A spirit seizes me and speaks within:
It tears me as fire tears a thunder-cloud.

PANTHEA

See, how he lifts his mighty looks, the Heaven
Darkens above.

IONE

He speaks! O shelter me!

PROMETHEUS

I see the curse on gestures proud and cold,
And looks of firm defiance, and calm hate,

PROMETEO

Visión impresionante, como tú es sin duda
aquel del que eres sombra. Yo soy su enemigo,
el Titán. Di ahora las palabras ansiadas,
aunque no informe pensamiento alguno
tu voz hueca y vacía.

LA TIERRA

¡Oíd!
Aunque el eco enmudezca, sí, vosotros,
montañas grises y los bosques viejos,
manantial hechizado, las proféticas cuevas,
las islas y los ríos que las cercan,
alegraos de oír ahora vosotros
eso que todavía no podéis pronunciar.

FANTASMA

Sirvo solo al espíritu que habla en mi interior;
me parte como el rayo a nube de tormenta.

PANTHEA

Mirad cómo se eleva su poderosa imagen,
mientras se va oscureciendo el Cielo.

IONE

¡Ay, va a hablar, refugiadme!

PROMETEO

Veo la maldición en su orgullo y frialdad,
en miradas de mucho desafío,

And such despair as mocks itself with smiles,
Written as on a scroll: yet speak: Oh, speak!

PHANTASM

Fiend, I defy thee! with a calm, fixed mind,
All that thou canst inflict I bid thee do;
Foul Tyrant both of Gods and Human-kind,
One only being shalt thou not subdue,
Rain then thy plagues upon me here,
Ghastly disease, and frenzying fear;
And let alternate frost and fire
Eat into me, and be thine ire
Lightning, and cutting hail, and legioned forms
Of furies, driving by upon the wounding storms.

Ay, do thy worst. Thou art omnipotent.
O'er all things but thyself I gave thee power,
And my own will. Be thy swift mischiefs sent
To blast mankind, from yon ethereal tower.
Let thy malignant spirit move
In darkness over those I love:
On me and mine I imprecate
The utmost torture of thy hate;
And thus devote to sleepless agony,
This undeclining head while thou must reign on high.

But thou, who art the God and Lord: O, thou,
Who fillest with thy soul this world of woe,
To whom all things of Earth and Heaven do bow
In fear and worship: all-prevailing foe!
I curse thee! let a sufferer's curse

en el odio y en la desesperanza
que se burla, rïendo, de sí misma,
y todo ello está escrito; ¡Habla ya, habla ya!

FANTASMA

¡Te desafío, demonio! Pienso calmadamente,
te ruego que me causes todo el mal que tú puedas;
Tirano de los Dioses y de la Humanidad,
mas no someterás a uno que resiste.
Lanza ya sobre mí todas tus plagas,
la horrible enfermedad, miedo que paraliza;
y deja que se alternen hielo y fuego
y me devoren y sea tu ira
relámpago, granizo y legiones de furias
que sobrevuelan la tormenta herida.

Haz todo lo peor, cuanto esté en tu mano.
Oh todopoderoso, yo te di ese poder
sobre todas las cosas, pero no sobre ti.
Te di mi voluntad. Sean, pues, enviadas
tus rápidas desgracias desde tu torre aérea
para arrasar y desolar al hombre.
Y deja que tu espíritu malvado
sea tiniebla sobre los que amo;
yo pido para mí y para los míos
la suprema tortura de tu odio;
y así concedo a la agonía sin sueño
esta cabeza que mira a lo alto
mientras reines tú allí.
Mas tú, Dios y Señor, oh tú que con tu espíritu
llenas hasta los bordes este mundo de penas,
tú ante el cual se inclinan Cielo y Tierra
y te adoran con miedo: ¡poderoso enemigo!
Sea pues para ti mi maldición.
Deja que al maldecirte sea la víctima

Clasp thee, his torturer, like remorse;
Till thine Infinity shall be
A robe of envenomed agony;
And thine Omnipotence a crown of pain,
To cling like burning gold round thy dissolving brain.

Heap on thy soul, by virtue of this Curse,
Ill deeds, then be thou damned, beholding good;
Both infinite as is the universe,
And thou, and thy self-torturing solitude.
An awful image of calm power
Though now thou sittest, let the hour
Come, when thou must appear to be
That which thou art internally;
And after many a false and fruitless crime
Scorn track thy lagging fall
through boundless space and time.

PROMETHEUS

Were these my words, O Parent?

THE EARTH

They were thine.

PROMETHEUS

It doth repent me: words are quick and vain;
Grief for awhile is blind, and so was mine.
I wish no living thing to suffer pain,

THE EARTH

Misery, Oh misery to me,
That Jove at length should vanquish thee.
Wail, howl aloud, Land and Sea,

quien torture al verdugo con el remordimiento,
hasta que sea tu Infinidad
túnica de agonía y de veneno;
y tu Omnipotencia corona de dolores,
oro fundido en tu disuelta mente.

Y que apile tu alma, por dicha Maldición,
fechorías y cuando estés ya condenado,
verás el bien; pues bien y mal son siempre
infinitos tal lo es el universo
y tú y tu enemiga soledad.
Horrible imagen del poder tranquilo
pareces ahí sentado, pero ha de venir
la hora en que reveles tu interior;
y tras tantos delitos inútiles y falsos,
asistirá el desdén a tu caída
en el tiempo y espacio ya sin límites.

PROMETEO

¡Oh Madre! ¿Fueron esas mis palabras?

LA TIERRA

En efecto, eso es lo que dijiste.

PROMETEO

Pues ahora me arrepiento; palabrería vana;
puede el dolor ser ciego, y lo fue el mío;
yo no quiero que nadie sufra más.

LA TIERRA

¡Qué desgracia, qué pena para mí,
la victoria de Júpiter contra tu sola fuerza!
Aullad bien alto, Territorios, Mar,

The Earth's rent heart shall answer ye.
Howl, Spirits of the living and the dead,
Your refuge, your defence lies fallen and vanquished.

FIRST ECHO

Lies fallen and vanquished!

SECOND ECHO

Fallen and vanquished!

IONE

Fear not: 'tis but some passing spasm,
The Titan is unvanquished still,
But see, where through the azure chasm
Of yon forked and snowy hill
Trampling the slant winds on high
With golden-sandalled feet, that glow
Under plumes of purple dye,
Like rose-ensanguined ivory,
A Shape comes now,
Stretching on high from his right hand
A serpent-cinctured wand.

PANTHEA

'Tis Jove's world-wandering herald, Mercury.

IONE

And who are those with hydra tresses
And iron wings that climb the wind,

[110]

el corazón rasgado de la Tierra
os ha de contestar. Aullad, llorad,
Espíritus de vivos y de muertos;
vuestro refugio con vuestra defensa
han sido en vano, han sido conquistados.

PRIMER ECO

¿Caídos, conquistados?

SEGUNDO ECO

¿Caídos, conquistados?

IONE

No tengáis miedo; es solo un temblor pasajero;
nuestro Titán aún es invencible.
Pero mirad; en el abismo azul
en esa bifurcada y nevada colina
pisando arriba los torcidos vientos
con sandalias de oro relucientes
bajo plumas teñidas de purpúreo color,
como marfil ensangrentado en rosa,
una Forma se acerca hasta nosotros
y en la mano derecha exhibe una
vara en la que se enroscan las serpientes.

PANTHEA

Ese es Mercurio, el vagabundo errante,
mensajero de Júpiter.

IONE

¿Y quiénes son aquellos con trenzas de las hidras
que ascienden por el viento con sus alas de acero,

[111]

Whom the frowning God represses
Like vapours steaming up behind,
Clanging loud, an endless crowd?

PANTHEA

These are Jove's tempest-walking hounds,
Whom he gluts with groans and blood,
When charioted on sulphurous cloud
He bursts Heaven's bounds.

IONE

Are they now led, from the thin dead
On new pangs to be fed?

PANTHEA

The Titan looks as ever, firm, not proud.

FIRST FURY

Ha! I scent life!

SECOND FURY

Let me but look into his eyes!

THIRD FURY

The hope of torturing him smells like a heap
Of corpses, to a death-bird after battle.

a quienes, enfadado, pone el Dios
obstáculos, vapores que suben a su espalda
con estrépito, amplia muchedumbre?

PANTHEA

Son los perros de Júpiter, que cruzan la tormenta,
y a los que él alimenta con gemidos y sangre,
cuando en el carro de nubes de azufre
revienta las fronteras de su Cielo.

IONE

¿Y vienen de los muertos tan delgados
a nutrirse con más dolor aún?

PANTHEA

Como siempre el Titán parece firme,
mas no muy orgulloso.

PRIMERA FURIA

¡Ja, huelo vida!

SEGUNDA FURIA

¡Dejadme solo contemplar sus ojos!

TERCERA FURIA

La esperanza de torturarlo huele
cual montón de cadáveres para aves de carroña
al fin de la batalla.

First Fury

Darest thou delay, O Herald! take cheer, Hounds
Of Hell: what if the Son of Maia soon
Should make us food and sport — who can please long
The Omnipotent?

Mercury

Back to your towers of iron,
And gnash, beside the streams of fire and wail,
Your foodless teeth. Geryon, arise! and Gorgon,
Chimaera, and thou Sphinx, subtlest of fiends
Who ministered to Thebes Heaven's poisoned wine,
Unnatural love, and more unnatural hate:
These shall perform your task.

First Fury

Oh, mercy! mercy!
We die with our desire: drive us not back!

Mercury

Crouch then in silence. Awful Sufferer!
To thee unwilling, most unwillingly
I come, by the great Father's will driven down,
To execute a doom of new revenge,
Alas! I pity thee, and hate myself

PRIMERA FURIA

¡No tardes, oh Heraldo! Y alegraos,
oh Perros del Infierno: qué importa si ese hijo
de Maia se convierte en comida y recreo;
¿quién puede complacer siempre al Eterno?

MERCURIO

A esas torres de hierro regresad,
y os rechinen los dientes tan hambrientos
junto a arroyos de fuego y de lamentos.
¡Y tú álzate, Gerión![3]. Y tú, Gorgona,
Quimera y tú, Esfinge, el discreto demonio
que dio a Tebas[4] el vino venenoso del Cielo
y un odio y un amor contra natura:
pues ellos cumplirán vuestra misión.

PRIMERA FURIA

¡Piedad, tened piedad!
¡Nuestro deseo nos mata: no nos eches de aquí!

MERCURIO

Pues mostradme respeto.
¡Oh víctima sufriente!
Yo sin ganas de verte acudo a ti,
pues es la voluntad del Padre quien me envía,
para hacer realidad una nueva venganza.
Tengo pena de ti y a mí mismo me odio,

---

[3] Gigante y rey de la mítica Tartesos.
[4] Según la tradición, Tebas era la ciudad más antigua de Grecia, situada unos 48 kilómetros al noroeste de Atenas. Tebas fue fundada por Cadmo, rey de Fenicia.

That I can do no more: aye from thy sight
Returning, for a season, Heaven seems Hell,
So thy worn form pursues me night and day,
Smiling reproach. Wise art thou, firm and good,
But vainly wouldst stand forth alone in strife
Against the Omnipotent; as yon clear lamps
That measure and divide the weary years
From which there is no refuge, long have taught
And long must teach. Even now thy Torturer arms
With the strange might of unimagined pains
The powers who scheme slow agonies in Hell,
And my commission is to lead them here,
Or what more subtle, foul, or savage fiends
People the abyss, and leave them to their task.
Be it not so! there is a secret known
To thee, and to none else of living things,
Which may transfer the sceptre of wide Heaven,
The fear of which perplexes the Supreme:
Clothe it in words, and bid it clasp his throne
In intercession; bend thy soul in prayer,
And like a suppliant in some gorgeous fane,
Let the will kneel within thy haughty heart:
For benefits and meek submission tame
The fiercest and the mightiest.

PROMETHEUS

Evil minds
Change good to their own nature. I gave all
He has; and in return he chains me here
Years, ages, night and day: whether the Sun

porque no está en mi mano el hacer más;
por una temporada me aparté de tus ojos
y el Cielo parecía el mismo Infierno,
y tu forma rasgada noche y día me sigue
rïendo y con reproches. Tú eres sabio y bueno,
pero en vano retaste a Quien todo lo puede:
como lámparas claras
que miden cada año que trae más cansancio
y ante las cuales no hay refugio alguno,
que mucho han enseñado y mucho enseñarán.
Y tu Torturador ahora recurre
al extraño poder de mil nuevos dolores,
las lentas agonías del Infierno;
mi misión es traerlas hasta aquí
o traer a demonios sutiles o salvajes
que habitan el abismo, y dejar que ellos cumplan
con su tarea. ¡Pero no sea así!
Hay un secreto que tan solo tú conoces
y ningún otro ser lo ha conocido,
que puede transferir el cetro de los Cielos,
y ante ese temor el Supremo se asombra;
con palabras arrópalo y deja que se aferre
al trono intercediendo; y que el orar incline
tu alma y como uno que suplica en un templo
lujoso, que se postre tu corazón altivo;
pues los que hacen bien y son sumisos
derrotan a los fieros poderosos.

PROMETEO

Son los malvados quienes
cambian el bien y en mal lo han convertido,
pues esa, y no otra, es su naturaleza.
Yo le entregué lo que él posee ahora
y él me lo devuelve encadenándome
aquí durante años, siglos, eras,

Split my parched skin, or in the moony night
The crystal-winged snow cling round my hair:
Whilst my beloved race is trampled down
By his thought-executing ministers.
Such is the tyrant's recompense: 'tis just:
He who is evil can receive no good;
And for a world bestowed, or a friend lost,
He can feel hate, fear, shame; not gratitude:
He but requites me for his own misdeed.
Kindness to such is keen reproach, which breaks
With bitter stings the light sleep of Revenge.
Submission, thou dost know I cannot try:
For what submission but that fatal word,
The death-seal of mankind's captivity,
Like the Sicilian's hair-suspended sword,
Which trembles o'er his crown, would he accept,
Or could I yield? Which yet I will not yield.
Let others flatter Crime, where it sits throned
In brief Omnipotence: secure are they:
For Justice, when triumphant, will weep down
Pity, not punishment, on her own wrongs,
Too much avenged by those who err. I wait,
Enduring thus, the retributive hour
Which since we spake is even nearer now.
But hark, the hell-hounds clamour: fear delay:
Behold! Heaven lowers under thy Father's frown.

días y días, noches y más noches,
y el Sol raja mi piel que está tan seca
o en la noche de luna me ciñe la cabeza
la nieve con sus alas de cristal,
mientras se pisotea a esta mi amada raza
por los sicarios que cumplen sus planes.
He ahí la recompensa del tirano,
y es justo: el que es malvado
bien no recibirá;
por un mundo ganado o un amigo perdido
puede él sentir odio, o temor, o vergüenza;
pero no gratitud;
así me recompensa por un delito suyo.
Ve en la amabilidad duro reproche
que con un aguijón amargo corta el sueño
de la Venganza. Y yo
no puedo someterme a su poder,
¿pues qué sometimiento sino a fatal palabra,
ese sello mortal, la esclavitud humana,
como cuelga la espada de Damocles
temblando sobre su corona, yo
podría darle o bien esperar él de mí?
Me quedaré callado.
Que otros alaben a los Malhechores
en sus tronos y en su omnipotencia,
allí están a salvo: pero ved, la Justicia
un día ha de venir y ha de llorar
sus lágrimas de pena, y no castigo,
por los delitos contra ella; pobres
de aquellos que los hacen.
Y soportando tanto espero yo
la hora de represalia,
que más se acerca cuanto más hablamos.
Pero escucha el aullido de los perros,
los perros del infierno, y ya no tardes;
¡Mira! El Cielo se postra ante tu Padre.

MERCURY

Oh, that we might be spared: I to inflict
And thou to suffer! Once more answer me:
Thou knowest not the period of Jove's power?

PROMETHEUS

I know but this, that it must come.

MERCURY

Alas!
Thou canst not count thy years to come of pain?

PROMETHEUS

They last while Jove must reign: nor more, nor less
Do I desire or fear.

MERCURY

Yet pause, and plunge
Into Eternity, where recorded time,
Even all that we imagine, age on age,
Seems but a point, and the reluctant mind
Flags wearily in its unending flight,
Till it sink, dizzy, blind, lost, shelterless;
Perchance it has not numbered the slow years
Which thou must spend in torture, unreprieved?

PROMETHEUS

Perchance no thought can count them, yet they pass.

MERCURIO

¡Que se apiade de ti, también de mí:
que no sufras castigo ni que lo inflija yo!
Dímelo otra vez:
¿Cuándo acaba el poder de nuestro Júpiter?

PROMETEO

Solo sé que algún día acabará.

MERCURIO

¡Ay!
¿Sabrás contar los años de angustia venidera?

PROMETEO

La angustia durará hasta el día último
del reinado de Júpiter.
Ni más ni menos lo deseo yo.

MERCURIO

Pues sumérgete ya en la Eternidad,
donde el tiempo que siempre recordamos
y todo aquello que imaginar solíamos,
siglo a siglo, no es más que un punto ahora,
y la mente reacia cae cansada
en su vuelo infinito y ya se hunde,
perdida y ciega y sin refugio alguno;
¿tal vez no ha contado esos años tan lentos
de dolor que aún te quedan, castigado?

PROMETEO

Pueden ser incontables, pero han de pasar.

MERCURY

If thou might'st dwell among the Gods the while
Lapped in voluptuous joy?

PROMETHEUS

I would not quit
This bleak ravine, these unrepentant pains.

MERCURY

Alas! I wonder at, yet pity thee.

PROMETHEUS

Pity the self-despising slaves of Heaven,
Not me, within whose mind sits peace serene,
As light in the sun, throned: how vain is talk!
Call up the fiends.

IONE

O, sister, look! White fire
Has cloven to the roots yon huge snow-loaded cedar;
How fearfully God's thunder howls behind!

MERCURY

I must obey his words and thine: alas!
Most heavily remorse hangs at my heart!

Mercurio

¿Y si pudieras ser uno más de los dioses
y vivir tan mimado como ellos?

Prometeo

Mi hogar es el barranco desolado,
mi ser es la agonía que me llena.

Mercurio

¡Ay, me asombras, pero te compadezco!

Prometeo

Compadece mejor a todos los esclavos
del Cielo, que no tienen autoestima;
en mi mente la paz reina absoluta
como luz en el sol. ¡Inútiles palabras!
Llama ya a los demonios.

Ione

¡Hermana mía, mira!
¡El fuego blanco consumió ese cedro
donde la nieve se apilaba! ¡Ay!
¡Qué temible es el trueno de ese Dios
que aullando viene!

Mercurio

¡Yo debo, ay, obedecerle a él,
pero también a ti! ¡Este remordimiento
me vuelve tan pesado el corazón!

PANTHEA

See where the child of Heaven, with winged feet,
Runs down the slanted sunlight of the dawn.

IONE

Dear sister, close thy plumes over thine eyes
Lest thou behold and die: they come: they come
Blackening the birth of day with countless wings,
And hollow underneath, like death.

FIRST FURY

Prometheus!

SECOND FURY

Immortal Titan!

THIRD FURY

Champion of Heaven's slaves!

PROMETHEUS

He whom some dreadful voice invokes is here,
Prometheus, the chained Titan. Horrible forms,
What and who are ye? Never yet there came
Phantasms so foul through monster-teeming Hell
From the all-miscreative brain of Jove;
Whilst I behold such execrable shapes,

PANTHEA

Ved: el niño del Cielo, con alas en los pies,
se desliza en el rayo quebrado de la aurora.

IONE

Oh dulce hermana, oculta con las alas tus ojos,
no sea que contemples y así mueras;
ahí vienen, ahí vienen y es oscura
la aurora bajo innumerables alas,
y más abajo aún yace el vacío,
lo que llamamos muerte.

PRIMERA FURIA

¡Prometeo!

SEGUNDA FURIA

¡Tú, Titán inmortal!

TERCERA FURIA

¡De todos los esclavos de los Cielos
eres tú el primero!

PROMETEO

¡Me convocáis con voces tan terribles!
¡Aquí estoy! ¡Yo soy Prometeo,
Titán encadenado! Mas vosotras,
figuras tan horribles, ¿quiénes sois?
Del Infierno no suelen salir tales fantasmas,
tampoco de la mente destructora de Júpiter.
Mientras veo estas formas tan horribles

Methinks I grow like what I contemplate,
And laugh and stare in loathsome sympathy.

First Fury

We are the ministers of pain, and fear,
And disappointment, and mistrust, and hate,
And clinging crime; and as lean dogs pursue
Through wood and lake some struck and sobbing fawn,
We track all things that weep, and bleed, and live,
When the great King betrays them to our will.

Prometheus

Oh! many fearful natures in one name,
I know ye; and these lakes and echoes know
The darkness and the clangour of your wings,
But why more hideous than your loathed selves
Gather ye up in legions from the deep?

Second Fury

We knew not that: Sisters, rejoice, rejoice!

Prometheus

Can aught exult in its deformity?

Second Fury

The beauty of delight makes lovers glad,
Gazing on one another: so are we.
As from the rose which the pale priestess kneels

creo que yo mismo me transformo en ellas,
y soy una de ellas y me río
en medio de esa odiosa hermandad.

Primera Furia

Somos las mensajeras y las ejecutoras
del dolor y el temor, de la falta de fe,
del odio, del delito delirante;
como perros hambrientos que persiguen a un ciervo,
a un cervatillo herido por los bosques y lagos,
seguimos todo aquello que llore, sangre y viva,
cuando el gran Rey nos lo concede al fin.

Prometeo

¡Diversas formas del terror con solo
un nombre sois vosotras! Y los lagos y el eco
conocen bien la oscuridad que traen
con horrísono vuelo vuestras alas.
¿Por qué, siendo más feas que vuestro propio ser,
os unís en legiones que suben de las simas?

Segunda Furia

Nada de eso supimos. ¡Alegraos, hermanas!

Prometeo

¿Alegrarse podría lo horrible del horror?

Segunda Furia

La belleza es placer que alegra a los amantes
cuando ambos se miran; así somos nosotras.
Como cae de la rosa ese carmín aéreo

To gather for her festal crown of flowers
The aereal crimson falls, flushing her cheek,
So from our victim's destined agony
The shade which is our form invests us round,
Else we are shapeless as our mother Night.

PROMETHEUS

I laugh your power, and his who sent you here,
To lowest scorn. Pour forth the cup of pain.

FIRST FURY

Thou thinkest we will rend thee bone from bone,
And nerve from nerve, working like fire within?

PROMETHEUS

Pain is my element, as hate is thine;
Ye rend me now: I care not.

SECOND FURY

Dost imagine
We will but laugh into thy lidless eyes?

PROMETHEUS

I weigh not what ye do, but what ye suffer,
Being evil. Cruel was the power which called
You, or aught else so wretched, into light.

cuando la coge para su corona
la vestal,
así de cada angustia de una víctima
caen las sombras de que estamos hechas;
de otro modo seríamos informes
como lo es la Noche, nuestra madre.

PROMETEO

Desdeño ese poder que vosotras tenéis
y también el poder de quien os manda.
Estoy listo; entregadme el cáliz del dolor.

PRIMERA FURIA

¿Eres consciente de los grandes daños
que te haremos, como un fuego que dentro
de ti arranque huesos, también nervios?

PROMETEO

Vuestro elemento es odio, el mío es el dolor.
Acabad ya conmigo; qué me importa.

SEGUNDA FURIA

¿Has pensado en lo mucho que reiremos
tras tus ojos sin párpados?

PROMETEO

No pienso en el poder del que os jactáis,
sino en el sufrimiento que tenéis
porque sois malvadas. Y cruel es la fuerza
que a vosotras u otras parecidas
os invoca a subir hasta la luz.

THIRD FURY

Thou think'st we will live through thee, one by one,
Like animal life, and though we can obscure not
The soul which burns within, that we will dwell
Beside it, like a vain loud multitude
Vexing the self-content of wisest men:
That we will be dread thought beneath thy brain,
And foul desire round thine astonished heart,
And blood within thy labyrinthine veins
Crawling like agony?

PROMETHEUS

Why, ye are thus now;
Yet am I king over myself, and rule
The torturing and conflicting throngs within,
As Jove rules you when Hell grows mutinous.

CHORUS OF FURIES

From the ends of the earth, from the ends of the earth,
Where the night has its grave and the morning its birth,
Come, come, come!
Oh, ye who shake hills with the scream of your mirth,
When cities sink howling in ruin; and ye
Who with wingless footsteps trample the sea,
And close upon Shipwreck and Famine's track,
Sit chattering with joy on the foodless wreck;
Come, come, come!
Leave the bed, low, cold, and red,
Strewed beneath a nation dead;
Leave the hatred, as in ashes
Fire is left for future burning:
It will burst in bloodier flashes
When ye stir it, soon returning:

Tercera Furia

¿Te consta que seremos tus parásitos,
y que, si es imposible oscurecer tu espíritu,
siempre estaremos ahí a tu lado,
como una ruïdosa multitud
humillando la paz de los hombres más sabios;
te consta que seremos tus malos pensamientos,
el mal deseo de tu corazón,
y la sangre en tus venas laberínticas
deslizándose siempre en agonía?

Prometeo

¡Y qué me importa a mí! Ya sois así:
soy el monarca de mi propio ser,
gobierno este tumulto de torturas
como gobierna Júpiter su Infierno amotinado.

Coro de Furias

Desde el fin de la tierra, desde el fin de la tierra,
la tumba de la noche, la cuna de la aurora,
¡venid, venid, venid!
Los que agitáis colinas con gritos de alegría
cuando aullando se hunden las ciudades;
los de alas plegadas que andáis sobre los mares
persiguiendo el Naufragio y la Hambruna,
y os sentáis muy alegres en los pecios,
¡venid, venid, venid!
Abandonad el lecho frío y rojo
que cubre a ese país entero y muerto.
Dejad el odio, como en las cenizas
se guarda el fuego para arder después:
pues volverá a fulgir ya con más fuerza
si agitáis las cenizas al volver:

Leave the self-contempt implanted
In young spirits, sense-enchanted,
Misery's yet unkindled fuel:
Leave Hell's secrets half unchanted
To the maniac dreamer; cruel
More than ye can be with hate
Is he with fear.
Come, come, come!
We are steaming up from Hell's wide gate
And we burthen the blast of the atmosphere,
But vainly we toil till ye come here.

Ione

Sister, I hear the thunder of new wings.

Panthea

These solid mountains quiver with the sound
Even as the tremulous air: their shadows make
The space within my plumes more black than night.

First Fury

Your call was as a winged car
Driven on whirlwinds fast and far;
It rapped us from red gulfs of war.

dejad el menosprecio de uno mismo
en jóvenes espíritus, sensuales,
el combustible de la Pena que
aún no ha ardido; dejad
que los secretos del Infierno estén
casi narrados a ese soñador
maníaco; que suele ser crüel,
pero no por el odio, que es patrimonio vuestro,
sino por puro miedo que aumenta su crueldad.
¡Venid, venid, venid!
Desde la puerta abierta del Infierno
subimos cual vapor insoportable,
resistiendo las ráfagas del aire,
pero en vano luchamos hasta que
lleguéis aquí vosotros.

IONE

Hermana, estoy oyendo el ruido de otras alas.

PANTHEA

Estas montañas sólidas tiemblan con el sonido
igual que el débil aire; y sus sombras consiguen
que sea más oscuro que la noche
el espacio que hay entre mis plumas.

PRIMERA FURIA

Un carro alado fue vuestra llamada
arrastrado por fuerte torbellino;
desde los golfos rojos de la guerra
nos condujo hasta aquí.

Second Fury

From wide cities, famine-wasted;

Third Fury

Groans half heard, and blood untasted;

Fourth Fury

Kingly conclaves stern and cold,
Where blood with gold is bought and sold;

Fifth Fury

From the furnace, white and hot,
In which —

A Fury

Speak not: whisper not:
I know all that ye would tell,
But to speak might break the spell
Which must bend the Invincible,
The stern of thought;
He yet defies the deepest power of Hell.

A Fury

Tear the veil!

Another Fury

It is torn.

Segunda Furia

Desde grandes ciudades, devastadas
por la hambruna.

Tercera Furia

Lamentos medio oídos, y no probada sangre.

Cuarta Furia

De reuniones reales siempre frías
donde compran y venden los monarcas
la sangre con el oro.

Quinta Furia

Del horno blanco con su fuego ardiente
en el cual...

Una Furia

No habléis: no susurréis:
Sé todo lo que vais a decir,
pero hablar quebraría el buen hechizo
que debe subyugar al Invencible,
al testarudo que así desafía
al poder más profundo del Infierno.

Una Furia

¡Rompe el velo!

Otra Furia

Ya está roto.

Chorus

The pale stars of the morn
Shine on a misery, dire to be borne,
Dost thou faint, mighty Titan? We laugh thee to scorn.
Dost thou boast the clear knowledge thou waken'dst for man?
Then was kindled within him a thirst which outran
Those perishing waters; a thirst of fierce fever,
Hope, love, doubt, desire, which consume him for ever,
One came forth of gentle worth
Smiling on the sanguine earth;
His words outlived him, like swift poison
Withering up truth, peace, and pity.
Look! where round the wide horizon
Many a million-peopled city
Vomits smoke in the bright air.
Hark that outcry of despair!
'Tis his mild and gentle ghost
Wailing for the faith he kindled:
Look again, the flames almost
To a glow-worm's lamp have dwindled:
The survivors round the embers
Gather in dread.
Joy, joy, joy!
Past ages crowd on thee, but each one remembers,
And the future is dark, and the present is spread
Like a pillow of thorns for thy slumberless head.

Semichorus I

Drops of bloody agony flow
From his white and quivering brow,
Grant a little respite now:
See a disenchanted nation
Springs like day from desolation;

Coro

Los pálidos luceros de la aurora
brillan sobre la lucha nefasta que sostienes.
¿Titán, te faltan fuerzas? Nos burlamos de ti.
¿Presumes del saber que has infundido al hombre?
Pues le has despertado una sed que no sacian
las aguas tan humildes; sed febril, sed ardiente:
la esperanza, el amor, la duda y el deseo
para siempre han venido a torturarlo.
Uno de ellos dio un paso al frente
sonrïendo, gentil, sobre la tierra
sangrienta, y sus palabras vivieron más que él
como dulce veneno que muy rápido acaba
con verdad, paz y pena. ¡Contempla el horizonte!
Muchas ciudades grandes, muy pobladas,
vomitan humo al aire tan brillante.
¡Escucha el grito de desesperanza!
Se trata del fantasma amable y manso
que se lamenta por la nueva fe.
Mira de nuevo, ya las llamas brillan
menos que las luciérnagas;
y los supervivientes esas brasas rodean,
unidos por el miedo.
¡Alegría, alegría, alegría!
Te pesa ya el pasado, recuerda cada época,
el futuro es oscuro, y el presente despliega
almohada de espinas para ti, el insomne.

Semicoro I

Las gotas de su lucha ensangrentada
caen de su blanca frente temblorosa.
Dejadle ahora que respire un poco;
mirad: una nación ya sin embrujo
de la desolación se alza como el día;

To Truth its state is dedicate,
And Freedom leads it forth, her mate;
A legioned band of linked brothers
Whom Love calls children —

SEMICHORUS II

'Tis another's:
See how kindred murder kin:
'Tis the vintage-time for death and sin:
Blood, like new wine, bubbles within:
Till Despair smothers
The struggling world, which slaves and tyrants win.

(All the FURIES *vanish, except one.)*

IONE

Hark, sister! what a low yet dreadful groan
Quite unsuppressed is tearing up the heart
Of the good Titan, as storms tear the deep,
And beasts hear the sea moan in inland caves.
Darest thou observe how the fiends torture him?

PANTHEA

Alas! I looked forth twice, but will no more.

IONE

What didst thou see?

y a la Verdad dedica todo estado,
y la gran Libertad lo guía hacia delante,
pues es su compañera; una legión de hermanos
a quien llama hijos suyos el Amor.

SEMICORO II

Pues son hijos de otro:
ved cómo se asesinan los parientes;
ya viene la cosecha del pecado y la muerte:
burbujea la sangre, como un vino nuevo:
hasta que asfixia la Desesperanza
este atroz mundo que les pertenece
por igual al tirano y al esclavo.

(Todas las FURIAS *desaparecen, excepto una.)*

IONE

¡Escucha, hermana mía, qué gemido temible
e infinito se halla rasgando el corazón
de nuestro buen Titán, como tormenta que
desgarra el mar profundo, qué animales
oyen gemir al mar en sus cavernas!
¿Te atreves a observar esa tortura?

PANTHEA

¡Ay! Yo lo he visto dos veces,
pero ni una más.

IONE

¿Y qué fue lo que viste?

PANTHEA

A woful sight: a youth
With patient looks nailed to a crucifix,

IONE

What next?

PANTHEA

The heaven around, the earth below
Was peopled with thick shapes of human death,
All horrible, and wrought by human hands,
And some appeared the work of human hearts,
For men were slowly killed by frowns and smiles:
And other sights too foul to speak and live
Were wandering by. Let us not tempt worse fear
By looking forth: those groans are grief enough.

FURY

Behold an emblem: those who do endure
Deep wrongs for man, and scorn, and chains, but heap
Thousandfold torment on themselves and him.

PROMETHEUS

Remit the anguish of that lighted stare;
Close those wan lips; let that thorn-wounded brow
Stream not with blood; it mingles with thy tears!
Fix, fix those tortured orbs in peace and death,
So thy sick throes shake not that crucifix,

PANTHEA

Una triste visión: vi a un muchacho
con mirada paciente clavado en una cruz.

IONE

¿Y qué viste después?

PANTHEA

Tierra y cielo poblados con formas nada nítidas
de tanta muerte humana, tanto horror
causado por los hombres, y algunas parecían
trabajos del humano corazón,
pues lentamente daban muerte al hombre
las sonrisas y los gestos solemnes:
y tuve otras visiones tan terribles
que no pueden ser dichas ni vivir.
No busquemos un miedo aún peor
si seguimos mirando: nos bastan los gemidos.

FURIA

Observad este emblema: quienes soportan tanto
dolor, burla y cadenas por el hombre, consiguen
que se aumente por mil su dolor y el de todos.

PROMETEO

Que remita la angustia de esos ojos ardientes;
cierra los labios pálidos y deja que esa frente
coronada de espinas no se desangre más:
¡la sangre que se funde con tus lágrimas!
Pon tus ojos amargos en la muerte y la paz
y que tus estertores no muevan más la cruz

So those pale fingers play not with thy gore.
O, horrible! Thy name I will not speak,
It hath become a curse. I see, I see,
The wise, the mild, the lofty, and the just,
Whom thy slaves hate for being like to thee,
Some hunted by foul lies from their heart's home,
An early-chosen, late-lamented home;
As hooded ounces cling to the driven hind;
Some linked to corpses in unwholesome cells:
Some — Hear I not the multitude laugh loud? —
Impaled in lingering fire: and mighty realms
Float by my feet, like sea-uprooted isles,
Whose sons are kneaded down in common blood
By the red light of their own burning homes.

FURY

Blood thou canst see, and fire; and canst hear groans;
Worse things, unheard, unseen, remain behind.

PROMETHEUS

Worse?

FURY

In each human heart terror survives
The ravin it has gorged: the loftiest fear
All that they would disdain to think were true:
Hypocrisy and custom make their minds
The fanes of many a worship, now outworn.

y que esos dedos blancos no jueguen con tu herida.
¡Oh qué horrible, qué horrible! Yo no diré tu nombre,
pues se ha convertido en una maldición.
Y veo, ahora veo
al sabio y al amable, al altivo y al justo,
a quienes odian tus esclavos porque
se parecen a ti, y a algunos los persiguen
por cobardes mentiras del sucio corazón,
tan temprano escogido, tan tarde lamentado;
cual zorros con capucha que han capturado un ciervo;
algunos junto a muertos en una celda insana;
y algunos —¿es que acaso no oigo a la multitud?
Se ríe—, sí, algunos empalados en llamas:
y reinos poderosos que flotan ante mí,
como islas que van a la deriva,
cuyos hijos jamás tendrán la sangre azul,
forjados a la luz de sus casas ardiendo.

FURIA

Tú puedes ver la sangre y el fuego, sí, tú puedes
escuchar los gemidos; pero cosas peores
permanecen sin ser vistas ni oídas.

PROMETEO

¿Peores?

FURIA

En cada corazón humano sobrevive
el terror al banquete: los más altivos temen
todo lo que desdeñan si lo creen verdadero;
la hipocresía y la rutina hacen
que sus mentes sean templos
de pura adoración ya desgastada.

They dare not devise good for man's estate,
And yet they know not that they do not dare.
The good want power, but to weep barren tears.
The powerful goodness want: worse need for them.
The wise want love; and those who love want wisdom;
And all best things are thus confused to ill.
Many are strong and rich, and would be just,
But live among their suffering fellow-men
As If none felt: they know not what they do.

PROMETHEUS

Thy words are like a cloud of winged snakes;
And yet I pity those they torture not.

FURY

Thou pitiest them? I speak no more!

(Vanishes.)

PROMETHEUS

Ah woe!
Ah woe! Alas! pain, pain ever, for ever!
I close my tearless eyes, but see more clear
Thy works within my woe-illumed mind,
Thou subtle tyrant! Peace Is in the grave.
The grave hides all things beautiful and good:
I am a God and cannot find It there,
Nor would I seek it: for, though dread revenge,
This is defeat, fierce king, not victory.

No sitúan el bien como la esencia humana,
no saben que tampoco se atreven a pensarlo.
Quiere poder el bueno, y solo tiene lágrimas;
bondad, el poderoso, y este caso es peor;
el sabio quiere amor; sabiduría, el amante;
es fácil confundir el bien y el mal.
Muchos hay que son fuertes y son ricos
—y quisieran ser justos—,
mas viven entre hombres que sí sufren
sin lamentarlo, pues no saben lo que hacen.

PROMETEO

Tus palabras son nubes pobladas de serpientes,
pero tengo piedad también por todos
los que no son torturados.

FURIA

¿Acaso te dan pena? ¡Pues ya no hablaré más!

(Se desvanece.)

PROMETEO

¡Ay, pena! ¡Ay, desgracia!
¡Ya solo habrá dolor, dolor habrá por siempre!
Lágrimas ya no hay en estos ojos míos,
pero veo claramente tus obras en mi alma
iluminada por una gran pena,
¡oh tirano sutil! En la tumba, la paz.
La tumba guarda todo lo que es bueno y hermoso:
y yo, que soy un Dios, no hallo paz en la tumba,
mas tampoco la busco: aunque sea venganza,
esta es solo derrota, la derrota de un rey
crüel, no su victoria.

The sights with which thou torturest gird my soul
With new endurance, till the hour arrives
When they shall be no types of things which are.

PANTHEA

Alas! what sawest thou more?

PROMETHEUS

There are two woes:
To speak, and to behold; thou spare me one.
Names are there, Nature's sacred watchwords, they
Were borne aloft in bright emblazonry;
The nations thronged around, and cried aloud,
As with one voice, Truth, liberty, and love!
Suddenly fierce confusion fell from heaven
Among them: there was strife, deceit, and fear:
Tyrants rushed in, and did divide the spoil.
This was the shadow of the truth I saw.

THE EARTH

I felt thy torture, son; with such mixed joy
As pain and virtue give. To cheer thy state
I bid ascend those subtle and fair spirits,
Whose homes are the dim caves of human thought,
And who inhabit, as birds wing the wind,
Its world-surrounding aether: they behold
Beyond that twilight realm, as in a glass,
The future: may they speak comfort to thee!

Y las visiones con que me torturas
le dan también al alma resistencia mayor,
hasta que esas visiones se extingan para siempre.

PANTHEA

¡Ay, dime qué más viste!

PROMETEO

Hay dos penas distintas: hablar y contemplar;
déjame solo una. Y te diré que hay nombres,
que la Naturaleza tiene sus contraseñas
y que estas son sagradas y que brillan arriba
y que el aire está lleno de blasones.
Se unieron los países y los pueblos
del mundo y a una voz gritaban todos:
«¡Verdad y Libertad y solo Amor!».
Súbita confusión vino del cielo
entre ellos, con luchas, con temor, con engaños,
vinieron los tiranos y lo asolaron todo.
Esta era la sombra de la verdad que vi.

LA TIERRA

Hijo mío, sentí yo misma tu tortura
con gozo y con dolor, fruto de la virtud.
Convoqué a los espíritus hermosos
a que subieran a aliviar tu estado,
a los mismos que pueblan la mente de los hombres
y siendo cual los pájaros que atraviesan el aire
ellos cruzan el éter alrededor del mundo:
y contemplan igual que en un espejo
el futuro que se abre más allá del crepúsculo.
¡Que sus palabras sean
bálsamo para ti!

PANTHEA

Look, sister, where a troop of spirits gather,
Like flocks of clouds in spring's delightful weather,
Thronging in the blue air!

IONE

And see! more come,
Like fountain-vapours when the winds are dumb,
That climb up the ravine in scattered lines.
And, hark! is it the music of the pines?
Is it the lake? Is it the waterfall?

PANTHEA

'Tis something sadder, sweeter far than all.

CHORUS OF SPIRITS

From unremembered ages we
Gentle guides and guardians be
Of heaven-oppressed mortality;
And we breathe, and sicken not,
The atmosphere of human thought:
Be it dim, and dank, and gray,
Like a storm-extinguished day,
Travelled o'er by dying gleams;
Be it bright as all between
Cloudless skies and windless streams,
Silent, liquid, and serene;
As the birds within the wind,
As the fish within the wave,
As the thoughts of man's own mind
Float through all above the grave;

PANTHEA

¡Hermana mía, mira cómo se unen las almas,
bandada de las nubes en dulce primavera,
arrojadas al aire tan azul!

IONE

¡Mirad! Ahí vienen más,
suben como el vapor del manantial
cuando no sopla el viento, ascendiendo el barranco
en sus grupos diversos. ¡Y ahora oíd!
¿Es la música que hacen los pinares?
¿Es el lago? ¿O es la catarata?

PANTHEA

Es otra cosa, a un tiempo triste y dulce.

CORO DE ESPÍRITUS

Desde la noche de los tiempos somos
los guardianes y guías más gentiles
de los mortales que tortura el cielo;
respiramos, sin enfermarnos nunca,
la atmósfera de humanos pensamientos;
aunque sea esa atmósfera oscura, húmeda, gris,
como el día extinguido por una tempestad,
marcado por un brillo que agoniza;
aunque brillen al fin todas las cosas
entre cielos sin nubes y corrientes tranquilas,
silenciosas y claras y serenas;
como los mismos pájaros al viento,
como los peces que las olas llevan,
y como el pensamiento de los hombres
flota por todo encima de la tumba.

We make there our liquid lair,
Voyaging cloudlike and unpent
Through the boundless element:
Thence we bear the prophecy
Which begins and ends in thee!

IONE

More yet come, one by one: the air around them
Looks radiant as the air around a star.

FIRST SPIRIT

On a battle-trumpet's blast
I fled hither, fast, fast, fast,
'Mid the darkness upward cast.
From the dust of creeds outworn,
From the tyrant's banner torn,
Gathering 'round me, onward borne,
There was mingled many a cry —
Freedom! Hope! Death! Victory!
Till they faded through the sky;
And one sound, above, around,
One sound beneath, around, above,
Was moving; 'twas the soul of Love;
'Twas the hope, the prophecy,
Which begins and ends in thee.

SECOND SPIRIT

A rainbow's arch stood on the sea,
Which rocked beneath, immovably;
And the triumphant storm did flee,
Like a conqueror, swift and proud,
Between, with many a captive cloud,

Allí está nuestra guarida líquida
y vamos como nubes que no conocen límites,
y el elemento aéreo lo surcamos.
¡De ahí traemos esa profecía
que en ti comienza, la que en ti acaba!

Ione

Y acuden, uno a uno, acuden más;
el aire brilla por su cercanía
como el aire que está junto a la estrella.

Primer Espíritu

Al toque de trompeta he acudido,
he volado deprisa, muy deprisa,
lanzado hacia la altura entre la oscuridad.
De los despojos de los credos y
de la insignia rasgada del tirano,
que yo impulso, que impulso hacia delante,
y vi cómo se unían los clamores:
«¡Libertad, Esperanza, la Muerte y la Victoria!»,
hasta que se esfumaban en el cielo;
y un solo sonido, arriba, abajo,
solo un solo sonido en todas partes;
¡era el sonar del Alma del Amor,
y también la esperanza, también la profecía
que en ti comienza y la que en ti acaba!

Segundo Espíritu

Se elevó sobre el mar un arcoíris,
sobre el mar que allí abajo se mecía;
y pasó la tormenta ya triunfante
como un conquistador orgulloso y con prisa,
y muchas nubes capturó aquel día,

A shapeless, dark and rapid crowd,
Each by lightning riven in half:
I heard the thunder hoarsely laugh:
Mighty fleets were strewn like chaff
And spread beneath a hell of death
O'er the white waters. I alit
On a great ship lightning-split,
And speeded hither on the sigh
Of one who gave an enemy
His plank, then plunged aside to die.

Third Spirit

I sate beside a sage's bed,
And the lamp was burning red
Near the book where he had fed,
When a Dream with plumes of flame,
To his pillow hovering came,
And I knew it was the same
Which had kindled long ago
Pity, eloquence, and woe;
And the world awhile below
Wore the shade, its lustre made.
It has borne me here as fleet
As Desire's lightning feet:
I must ride it back ere morrow,
Or the sage will wake in sorrow.

Fourth Spirit

On a poet's lips I slept
Dreaming like a love-adept
In the sound his breathing kept;
Nor seeks nor finds he mortal blisses,
But feeds on the aereal kisses
Of shapes that haunt thought's wildernesses.

[152]

la multitud sin forma, oscura y rápida,
partidas por un rayo; luego oí
la áspera risa que tenía el trueno;
las poderosas flotas fueron así vencidas
como paja bajo un infierno en muerte,
sobre las aguas cristalinas. Yo
descendí sobre un barco partido por los rayos,
y aquí llegué, siguiendo ese suspiro
de un marino que dio su pecio a otro,
al enemigo, y él mortalmente se hundió.

TERCER ESPÍRITU

Junto al lecho de un sabio estaba yo sentado,
la lámpara en destellos muy rojizos
junto al libro que era su alimento,
cuando un Sueño de alas tan ardientes
sopló sobre su vieja almohada,
y así me percaté de que aquel Sueño era
el que bañaba en luz hace ya tanto
la piedad, la elocuencia y la tristeza;
y este mundo inferior por un instante
se revistió de gloria pasajera.
Él me ha traído, el Sueño, aquí tan pronto
como el paso fugaz de los Deseos:
antes de la mañana he de llevar al Sueño
al sabio, para que no despierte llorando.

CUARTO ESPÍRITU

Mi lecho eran los labios de un poeta,
un adepto al amor que sueña mucho
al ritmo de su gran respiración.
No se hicieron las dichas humanas para él,
pero sí se alimenta de los besos aéreos
de formas que frecuentan páramos de la mente.

He will watch from dawn to gloom
The lake-reflected sun illume
The yellow bees in the ivy-bloom,
Nor heed nor see, what things they be;
But from these create he can
Forms more real than living man,
Nurslings of immortality!
One of these awakened me,
And I sped to succour thee.

IONE

Behold'st thou not two shapes from the east and west
Come, as two doves to one beloved nest,
Twin nurslings of the all-sustaining air
On swift still wings glide down the atmosphere?
And, hark! their sweet, sad voices! 'tis despair
Mingled with love and then dissolved in sound.

PANTHEA

Canst thou speak, sister? all my words are drowned,

IONE

Their beauty gives me voice. See how they float
On their sustaining wings of skiey grain,
Orange and azure deepening into gold:
Their soft smiles light the air like a star's fire.

CHORUS OF SPIRITS

Hast thou beheld the form of Love?

Y del alba a la noche él mirará
cómo brilla su sol sobre los lagos,
abejas amarillas en la hiedra,
pero él nada de ello tiene en cuenta;
aunque todo podrá utilizarlo
para hacer sus figuras más reales que el hombre,
¡para tener sus hijos inmortales!
Una criatura de estas me despertó por fin
y he acudido aquí para ayudarte.

IONE

¿No ves a esas dos formas del este y el oeste
que vienen cual palomas a un solo nido amado,
hijas gemelas del pilar del aire,
con sus rápidas alas bajando de la atmósfera?
¡Escucha tú sus voces dulces, tristes!
Es desesperación y es el amor.
Ambos son los disueltos en sonido.

PANTHEA

¡Hermana, habla tú! Mis palabras se ahogan.

IONE

Su belleza es mi voz. Míralas cómo flotan
con alas poderosas y teñidas de azul,
el azul y el naranja transformándose en oro;
como estrellas ardiendo nos iluminan ellas.

CORO DE ESPÍRITUS

¿Contemplaste la forma del Amor?

[155]

FIFTH SPIRIT

As over wide dominions
I sped, like some swift cloud that wings the wide air's
[wildernesses,
That planet-crested shape swept by on lightning-braided
[pinions,
Scattering the liquid joy of life from his ambrosial tresses:
His footsteps paved the world with light; but as I passed
['twas fading,
And hollow Ruin yawned behind: great sages bound in
[madness,
And headless patriots, and pale youths who perished,
[unupbraiding,
Gleamed in the night. I wandered o'er, till thou, O King
[of sadness,
Turned by thy smile the worst I saw to recollected gladness.

SIXTH SPIRIT

Ah, sister! Desolation is a delicate thing:
It walks not on the earth, it floats not on the air,
But treads with lulling footstep, and fans with silent wing
The tender hopes which in their hearts the best and
[gentlest bear;
Who, soothed to false repose by the fanning plumes above
And the music-stirring motion of its soft and busy feet,
Dream visions of aereal joy, and call the monster, Love,
And wake, and find the shadow Pain, as he whom now we greet.

Quinto Espíritu

Yo iba volando sobre el amplio reino
como nube a través del vasto aire,
y yo la vi pasar con alas como rayos
y esparcía esa líquida alegría de vivir
desde sus trenzas, que eran ambrosía;
al caminar de luz cubría el mundo;
mas cuando yo pasé se estaba marchitando,
y la hueca Ruïna bostezaba escondida:
los sabios ya dementes
y los decapitados paladines,
y los pálidos jóvenes consintiendo en morir,
todos ellos brillaban en la noche.
Y yo seguí vagando hasta que tú, oh Rey
de la tristeza, tú sonriendo transformabas
lo peor que yo vi en alegre recuerdo.

Sexto Espíritu

¡Ay, hermana! Es la Desolación
un delicado asunto:
no pesa sobre tierra y no flota en el aire,
serenamente avanza, qué abanico sus alas
para las esperanzas que llevan los mejores
en su espíritu, quienes
con el falso frescor de las batidas alas
y el movimiento musical de sus
pies ligeros y hábiles,
tienen visiones de alegría etérea
y ponen a ese monstruo el nombre del Amor,
y al despertar se topan con la sombra
del Dolor, como a este que saludamos hoy.

Chorus

Though Ruin now Love's shadow be,
Following him, destroyingly,
On Death's white and winged steed,
Which the fleetest cannot flee,
Trampling down both flower and weed,
Man and beast, and foul and fair,
Like a tempest through the air;
Thou shalt quell this horseman grim,
Woundless though in heart or limb.

Prometheus

Spirits! how know ye this shall be?

Chorus

In the atmosphere we breathe,
As buds grow red when the snow-storms flee,
From Spring gathering up beneath,
Whose mild winds shake the elder brake,
And the wandering herdsmen know
That the white-thorn soon will blow:
Wisdom, Justice, Love, and Peace,
When they struggle to increase,
Are to us as soft winds be
To shepherd boys, the prophecy
Which begins and ends in thee,

Ione

Where are the Spirits fled?

Coro

Aunque ahora la sombra del Amor
es toda la Ruïna, que persigue su fin,
jinete del caballo alado y blanco
de la Muerte, al que no alcanza ni el más rápido,
pisoteando flores, pisoteando el mundo,
al animal y al hombre, a lo feo y hermoso,
como una tormenta en pleno aire,
tú vencerás a ese jinete tan siniestro,
aunque sea invulnerable.

Prometeo

¡Oh Espíritus! ¿Cómo
sabéis que será así?

Coro

En la atmósfera en la que respiramos
como enrojecen brotes al partir
la tempestad de nieve, cuando nace
la Primavera, cuya dulce brisa
acaricia el saúco y pastores errantes
saben que pronto brotará el espino:
Sabiduría, Amor, Justicia y Paz,
luchando por crecer y ser mejores,
son ya para nosotros como el viento
para el joven pastor, la profecía,
la que comienza en ti, la que en ti acaba.

Ione

¿Hacia dónde han volado los Espíritus?

PANTHEA

Only a sense
Remains of them, like the omnipotence
Of music, when the inspired voice and lute
Languish, ere yet the responses are mute,
Which through the deep and labyrinthine soul,
Like echoes through long caverns, wind and roll.

PROMETHEUS

How fair these airborn shapes! and yet I feel
Most vain all hope but love; and thou art far,
Asia! who, when my being overflowed,
Wert like a golden chalice to bright wine
Which else had sunk into the thirsty dust.
All things are still: alas! how heavily
This quiet morning weighs upon my heart;
Though I should dream I could even sleep with grief
If slumber were denied not. I would fain
Be what it is my destiny to be,
The saviour and the strength of suffering man,
Or sink into the original gulf of things:
There is no agony, and no solace left;
Earth can console, Heaven can torment no more,

PANTHEA

Hast thou forgotten one who watches thee
The cold dark night, and never sleeps but when
The shadow of thy spirit falls on her?

PANTHEA

Solo queda el sentirlos, como la omnipotencia
de la música, cuando la voz tan inspirada
y el laúd languidecen aun antes que los ecos,
y a través de las almas laberínticas
van esos ecos como por cavernas,
girando y extendiéndose.

PROMETEO

¡Qué hermosas las criaturas nacidas en el aire!
Vana es toda esperanza, salvo la del amor.
¡Y tú estás lejos, Asia! Sí, tú, cuando mi ser
fluía, eras tú como un cáliz dorado
para el vino brillante que de otra manera
se hubiera vuelto polvo en el polvo sediento.
Ya todo está tranquilo. ¡Mas qué pesadamente
siento yo esta mañana sobre mi corazón!
Aunque debo soñar, dormiría con pena
si no se rechazara mi soñar.
He de llegar a ser el que yo soy,
el salvador, la fuerza de los hombres que sufren;
y si no lo consigo, sería carne de abismo,
cayendo al primer golfo de todo lo creado.
Ya no queda tormento que no conozca yo;
ni la Tierra consuela ni el Cielo me tortura.

PANTHEA

¿Has olvidado a aquella que vigila por ti
toda la noche oscura, la que solo descansa
cuando cae la sombra de tu espíritu
sobre ella?

I said all hope was vain but love: thou lovest.

PANTHEA

Deeply in truth; but the eastern star looks white,
And Asia waits in that far Indian vale,
The scene of her sad exile; rugged once
And desolate and frozen, like this ravine;
But now invested with fair flowers and herbs,
And haunted by sweet airs and sounds, which flow
Among the woods and waters, from the aether
Of her transforming presence, which would fade
If it were mingled not with thine. Farewell!

END OF THE FIRST ACT

Ya lo dije; toda esperanza es vana,
salvo el amor. Tú amas.

PANTHEA

Y muy profundamente. Pero Venus
ya se vuelve muy blanca y Asia espera
en un remoto sitio de la India,
el lugar de su exilio, que fue una vez tan crudo,
desolado y helado, como este barranco:
pero ahora se viste de hermosas flores, hierbas,
frecuentado por vientos y sonidos, que fluyen
entre los bosques y las aguas, desde
el brillo de su gran metamorfosis,
la que en vano sería si no se une a ti.
¡Hasta siempre!

FIN DEL PRIMER ACTO

ACT II

SCENE I

Morning. A lovely Vale In the Indian Caucasus.
ASIA alone.

ASIA

From all the blasts of heaven thou hast descended:
Yes, like a spirit, like a thought, which makes
Unwonted tears throng to the horny eyes,
And beatings haunt the desolated heart,
Which should have learnt repose: thou hast descended
Cradled in tempests; thou dost wake, O Spring!
O child of many winds! As suddenly
Thou comest as the memory of a dream,
Which now is sad because it hath been sweet;
Like genius, or like joy which riseth up
As from the earth, clothing with golden clouds
The desert of our life.
This is the season, this the day, the hour;
At sunrise thou shouldst come, sweet sister mine,
Too long desired, too long delaying, come!
How like death-worms the wingless moments crawl!

ACTO II

ESCENA I

Por la mañana. En un hermoso Valle del Cáucaso indio.
Asia sola.

Asia

Has bajado de todas las ráfagas del cielo,
como espíritu, sí, como un pensamiento,
como lágrimas nunca deseadas
en los ojos ardientes, haciendo que al fin lata
el desolado corazón que pudo
conocer el descanso: mecida por tormentas
¡has bajado y despiertas, Primavera!
¡La hija de mil vientos! Aquí vienes de pronto
igual que la memoria de algún sueño,
ahora triste por ser dulce antes;
como un genio, o un gozo alzado de la tierra,
vistiendo con las nubes más doradas
el desierto de esta vida nuestra.
Esta es la estación, este el día y la hora.
¡Ven con la aurora, mi querida hermana,
la deseada tanto tiempo, tanto
se demoró, ven, ven!
¡Cual gusanos mortíferos se arrastran los instantes!

The point of one white star is quivering still
Deep in the orange light of widening morn
Beyond the purple mountains, through a chasm
Of wind-divided mist the darker lake
Reflects it: now it wanes: it gleams again
As the waves fade, and as the burning threads
Of woven cloud unravel in pale air:
'Tis lost! and through yon peaks of cloud-like snow
The roseate sunlight quivers: hear I not
The Aeolian music of her sea-green plumes
Winnowing the crimson dawn?

(PANTHEA *enters.*)

I feel, I see
Those eyes which burn through smiles that fade in tears,
Like stars half quenched in mists of silver dew.
Beloved and most beautiful, who wearest
The shadow of that soul by which I live,
How late thou art! the sphered sun had climbed
The sea; my heart was sick with hope, before
The printless air felt thy belated plumes.

PANTHEA

Pardon, great Sister! but my wings were faint
With the delight of a remembered dream,
As are the noontide plumes of summer winds
Satiate with sweet flowers. I was wont to sleep
Peacefully, and awake refreshed and calm

Y todavía tiembla la punta de una estrella
hundida en la luz ocre de la aurora
más allá de purpúreas montañas:
a través del abismo de la niebla
partida por el viento, el lago oscuro
es su reflejo: ya se apaga, y ya luce,
se disuelve la niebla y los hilos ardientes
de las nubes tejidas se deshacen.
¡Ya se perdió! Y en los picos nevados
de las montañas tiembla la luz rosa del sol:
¿acaso no oigo yo
la música Eolia de mi hermana,
con esas plumas verdes como el mar
saludando a la aurora carmesí?

(*Entra* PANTHEA.)

Y ahora siento y yo veo
esos ojos ardiendo en la sonrisa
que se marchita en lágrimas, cual astros
casi apagados por rocío argénteo.
Oh mi amada, oh mi hermosa, tú que tienes
la sombra de esa alma que es mi vida,
¡ay, cuánto te retrasas! Y la esfera del sol
dejó ya atrás el mar; mi corazón
enfermó de esperanza, antes que el aire
sintiera al fin tus plumas ya tardías.

PANTHEA

¡Perdón, mi gran Hermana! Mis alas tan cansadas
se hallaban con el goce de un sueño recordado,
como alas que en el mediodía de verano
quedan saciadas con las dulces flores.
Tranquilamente estaba yo dormida
y tan tranquilamente desperté,

Before the sacred Titan's fall, and thy
Unhappy love, had made, through use and pity,
Both love and woe familiar to my heart
As they had grown to thine: erewhile I slept
Under the glaucous caverns of old Ocean
Within dim bowers of green and purple moss,
Our young Ione's soft and milky arms
Locked then, as now, behind my dark, moist hair,
While my shut eyes and cheek were pressed within
The folded depth of her life-breathing bosom:
But not as now, since I am made the wind
Which fails beneath the music that I bear
Of thy most wordless converse; since dissolved
Into the sense with which love talks, my rest
Was troubled and yet sweet; my waking hours
Too full of care and pain.

ASIA

Lift up thine eyes,
And let me read thy dream.

PANTHEA

As I have said
With our sea-sister at his feet I slept.
The mountain mists, condensing at our voice
Under the moon, had spread their snowy flakes,
From the keen ice shielding our linked sleep.
Then two dreams came. One, I remember not.
But in the other his pale wound-worn limbs
Fell from Prometheus, and the azure night

antes de la caída del sagrado Titán,
antes que esa caída y tu amor infeliz,
mediante la costumbre y la piedad,
fundieran en mi solo corazón
el amor y la pena, como hicieron contigo.
No hace mucho que estaba yo dormida
en las verdes cavernas del Océano viejo,
bajo cúpulas verdes y musgosas.
Los suaves blancos brazos de mi Ione
rodeaban, como ahora, mi húmeda melena,
y mis ojos cerrados, mi mejilla se hundían
en su regazo protector, vital:
pero no como ahora, cuando yo, hecha viento,
paso bajo la música que yo misma transporto,
música sin palabras de tu charla;
y disuelta en la lengua del amor,
ha sido mi descanso placentero y difícil,
y estuve bien despierta muchas horas,
las horas del dolor y la preocupación.

ASIA

Alza la vista y permíteme
leer tu sueño.

PANTHEA

Como he dicho, yo estaba muy dormida
como mi hermana marina a los pies
de Prometeo. Así las altas nieblas
de montaña, al oírnos, se habían condensado
bajo la luna y vertían nieve,
nuestros sueños unidos protegiendo...
Y vinieron dos sueños. No recuerdo el primero.
Pero en el otro desgarrados miembros
de Prometeo caían y la noche era azul

[169]

Grew radiant with the glory of that form
Which lives unchanged within, and his voice fell
Like music which makes giddy the dim brain,
Faint with intoxication of keen joy:
«Sister of her whose footsteps pave the world
With loveliness — more fair than aught but her,
Whose shadow thou art — lift thine eyes on me».
I lifted them: the overpowering light
Of that immortal shape was shadowed o'er
By love; which, from his soft and flowing limbs,
And passion-parted lips, and keen, faint eyes,
Steamed forth like vaporous fire; an atmosphere
Which wrapped me in its all-dissolving power,
As the warm aether of the morning sun
Wraps ere it drinks some cloud of wandering dew.
I saw not, heard not, moved not, only felt
His presence flow and mingle through my blood
Till it became his life, and his grew mine,
And I was thus absorbed, until it passed,
And like the vapours when the sun sinks down,
Gathering again in drops upon the pines,
And tremulous as they, in the deep night
My being was condensed; and as the rays
Of thought were slowly gathered, I could hear
His voice, whose accents lingered ere they died
Like footsteps of weak melody: thy name
Among the many sounds alone I heard
Of what might be articulate; though still
I listened through the night when sound was none,
Ione wakened then, and said to me:

y brillaba con gloria, la gloria de esa forma,
la que habita en nosotros, la que es inmutable,
y su voz fue cual música que alegra al pensamiento
cuando está aletargado, y se oyó en aquel goce:
»Hermana de la que recubre el mundo
de belleza —la más bella de todas,
excepto de ella cuya sombra eres—,
alza hacia mí la vista». Y yo la alcé,
y la luz poderosa de esa forma inmortal
quedó ensombrecida por amor:
el amor que se alzaba de sus miembros tan suaves,
de sus labios que abría la pasión,
de esos marchitos y tan dulces ojos,
y así ascendía un vaporoso fuego;
atmósfera que a mí podía deshacerme,
como el cálido éter matutino
que, antes de beberla, cubre a la nube errante
de rocío.
Nada vi, nada oí, me estuve quieta;
su presencia fluía por mi sangre,
hasta hacerla su vida, y su vida más mía,
y así me absorbió, mas todo acaba;
como el vapor que se deshace en gotas,
al ocultarse el sol, sobre los árboles,
trémulas como ellos, en la noche profunda
fue condensado así mi propio ser.
Y mientras que los rayos del pensar
se unían muy despacio, pude oír
su voz, con un acento suspenso en un instante
antes de apagarse como pasos
de endeble melodía: y fue tu nombre
lo que yo escuché entre muchos sonidos
de lo que pudo ser articulado;
aunque escuché y oí toda la noche,
cuando ya no quedaba ni un rumor.
Ione, ya despierta, se dirigió a mí:

«Canst thou divine what troubles me to-night?
I always knew what I desired before,
Nor ever found delight to wish in vain.
But now I cannot tell thee what I seek;
I know not; something sweet, since it is sweet
Even to desire; it is thy sport, false sister;
Thou hast discovered some enchantment old,
Whose spells have stolen my spirit as I slept
And mingled it with thine: for when just now
We kissed, I felt within thy parted lips
The sweet air that sustained me, and the warmth
Of the life-blood, for loss of which I faint,
Quivered between our intertwining arms».
I answered not, for the Eastern star grew pale,
But fled to thee.

Asia

Thou speakest, but thy words
Are as the air: I feel them not: Oh, lift
Thine eyes, that I may read his written soul!

Panthea

I lift them though they droop beneath the load
Of that they would express: what canst thou see
But thine own fairest shadow imaged there?

Asia

Thine eyes are like the deep, blue, boundless heaven
Contracted to two circles underneath

«¿Puedes adivinar qué temo en esta noche?
Antes yo conocía mis deseos,
jamás he deseado nada en vano.
Mas ahora no puedo decirte lo que busco,
ya que no lo sé yo; algo muy dulce,
pues el mismo deseo es ya dulzura;
y ese es tu juego, hermana mía falsa.
Tú has descubierto algún hechizo viejo
y con ese conjuro has robado mi alma
cuando estaba dormida, y te has apoderado
de ella, porque ahora, al besarnos tú y yo,
en tus labios noté mi propia esencia;
y el calor de la sangre, cuya carencia ahora
me hace desvanecerme, ha temblado
al abrazarnos más». Pero no di respuesta,
porque palidecía esa Estrella de Oriente,
aunque yo vine a estar contigo ahora.

ASIA

Hablas, mas tus palabras parecen ser del aire:
no las siento...; oh, alza la mirada,
¡así en tus ojos leeré el espíritu
grabado por escrito del Titán!

PANTHEA

Yo levanto la vista, pero ella no puede
soportar ese peso de lo que es inefable.
¿Y qué podrías ver
sino la sombra de tu hermosa imagen?

ASIA

El cielo tan profundo y tan azul
se concentra en tus ojos que, bajo las pestañas

[173]

Their long, fine lashes; dark, far, measureless,
Orb within orb, and line through line inwoven.

PANTHEA

Why lookest thou as if a spirit passed?

ASIA

There is a change: beyond their inmost depth
I see a shade, a shape: 'tis He, arrayed
In the soft light of his own smiles, which spread
Like radiance from the cloud-surrounded moon.
Prometheus, it is thine! depart not yet!
Say not those smiles that we shall meet again
Within that bright pavilion which their beams
Shall build o'er the waste world? The dream is told.
What shape is that between us? Its rude hair
Roughens the wind that lifts it, its regard
Is wild and quick, yet 'tis a thing of air,
For through its gray robe gleams the golden dew
Whose stars the noon has quenched not.

DREAM

Follow! Follow!

PANTHEA

It is mine other dream.

largas y delicadas,
resultan ser oscuros y lejanos;
orbe con orbe entretejidos están.

PANTHEA

¿Por qué parece que has visto un espíritu?

ASIA

Ay, algo está cambiado: en lo hondo de tu ser
veo una sombra, veo una forma; y es Él,
vestido con la luz de su sonrisa,
sonrisa que se extiende como nubes
que circundan la luna. ¡Prometeo,
son tu sombra y figura! ¡No te vayas aún!
Pues tu sonrisa afirma que nos encontraremos
en el brillante pabellón que el rayo
elevará en la tierra desolada.
Pues ya he contado el sueño.
¿Y quién es esa sombra entre nosotros?
Su ruda cabellera no la acicala el viento;
mira como un salvaje, aunque es de aire,
en su túnica gris brilla el rocío
dorado de unos astros que no extingue
el solar mediodía.

SUEÑO

¡Sigue, sigue!

PANTHEA

Es mi otro sueño.

ASIA

It disappears.

PANTHEA

It passes now into my mind. Methought
As we sate here, the flower-infolding buds
Burst on yon lightning-blasted almond-tree,
When swift from the white Scythian wilderness
A wind swept forth wrinkling the Earth with frost:
I looked, and all the blossoms were blown down;
But on each leaf was stamped, as the blue bells
Of Hyacinth tell Apollo's written grief,
O, FOLLOW, FOLLOW!

ASIA

As you speak, your words
Fill, pause by pause, my own forgotten sleep
With shapes. Methought among these lawns together
We wandered, underneath the young gray dawn,
And multitudes of dense white fleecy clouds
Were wandering in thick flocks along the mountains
Shepherded by the slow, unwilling wind;
And the white dew on the new-bladed grass,
Just piercing the dark earth, hung silently;
And there was more which I remember not:

ASIA

Se esfuma.

PANTHEA

Ya ha llegado a mi mente.
Mientras aquí estábamos sentadas
he visto abrir las flores del almendro
partido por el rayo, cuando ráfagas fuertes
que vienen de los páramos nevados de la Escitia[5]
limpiaron ya la Tierra, cubriéndola de hielo...
Miré: todas las flores habían muerto.
Pero en cada pétalo y en cada
hoja —igual que en azules campanillas está
escrita la tristeza de un Apolo—
había una leyenda: «¡OH SEGUIDNOS!».

ASIA

Mientras hablas, parándote a veces,
tus palabras bendicen mi dormir
con formas, con imágenes.
Sí, por estas praderas andábamos tú y yo,
bajo la aurora de matices grises,
y un millón de nubes con sus copos de nieve
se cernían, rebaño, sobre todas las cumbres,
y el pastor era el viento, el indolente viento;
y aquel rocío blanco en las hierbas tan nuevas
penetraba la tierra oscura ya,
flotando silencioso.
Y más cosas había que ahora no recuerdo;

---

⁵ Región de Eurasia habitada en la Antigüedad por el pueblo iranio de los escitas (desde el siglo VIII a.C. hasta el siglo II d.C.). Se extendía desde el Danubio a las costas del norte del Mar Negro.

But on the shadows of the morning clouds,
Athwart the purple mountain slope, was written
FOLLOW, O, FOLLOW! as they vanished by;
And on each herb, from which Heaven's dew had fallen,
The like was stamped, as with a withering fire;
A wind arose among the pines; it shook
The clinging music from their boughs, and then
Low, sweet, faint sounds, like the farewell of ghosts,
Were heard: O, FOLLOW, FOLLOW, FOLLOW ME!
And then I said: «Panthea, look on me».
But in the depth of those beloved eyes
Still I saw, FOLLOW, FOLLOW!

ECHO

Follow, follow!

PANTHEA

The crags, this clear spring morning, mock our voices
As they were spirit-tongued.

ASIA

It is some being
Around the crags. What fine clear sounds! O, list!

ECHOES *(unseen)*.

Echoes we: listen!
We cannot stay:
As dew-stars glisten
Then fade away —
Child of Ocean!

pero en las sombras de las mismas nubes,
en la ladera de colinas púrpuras,
estaba escrita la leyenda aquella:
«¡OH SEGUIDNOS, SEGUIDNOS!»;
y en la hierba cubierta de rocío del Cielo
también estaba escrita con fuego fulminante;
entre los pinos se levantó el viento;
agitó esa música prendida de las ramas,
y con tenues sonidos, como adiós de un fantasma,
se escuchaba aquel eco: «¡OH SEGUIDNOS, SEGUIDME!».
Y entonces dije yo: «¡Panthea, mírame!».
Pero en los ojos que tanto yo amaba
todavía lo vi: «¡SEGUID, SEGUIDNOS!».

ECO

¡Seguid, seguidnos!

PANTHEA

Se burlan esos riscos, esta alegre mañana,
de nuestras voces, voces de fantasmas.

ASIA

¡Hay un ser en las piedras! ¡Qué sonidos tan claros!
¡Óyelos!

ECOS (invisibles)

Somos ecos: ¡escúchanos!
No podemos durar:
somos como el rocío
que se disipa pronto.
¡Hija del Océano!

ASIA

Hark! Spirits speak. The liquid responses
Of their aereal tongues yet sound.

PANTHEA

I hear.

ECHOES

O, follow, follow,
As our voice recedeth
Through the caverns hollow,
Where the forest spreadeth;

(More distant.)

O, follow, follow!
Through the caverns hollow,
As the song floats thou pursue,
Where the wild bee never flew,
Through the noontide darkness deep,
By the odour-breathing sleep
Of faint night flowers, and the waves
At the fountain-lighted caves,
While our music, wild and sweet,
Mocks thy gently falling feet,
Child of Ocean!

ASIA

Shall we pursue the sound? It grows more faint
And distant.

ASIA

¡Óyelos! Así hablan los espíritus.
Sonidos cristalinos de sus lenguas aéreas
aún se oyen.

PANTHEA

Los escucho, sí.

ECOS

¡Oh seguid, oh seguidnos,
pues nuestra voz se extravía
por las huecas cavernas,
donde el bosque se extiende!

(Más lejos.)

¡Oh seguidnos, seguidnos
por las huecas cavernas!
Y mientras flote el canto perseguidlo,
allí donde jamás entró la abeja,
a través de la oscura marea del mediodía,
junto al sueño que exhala su perfume
de las flores cansadas de la noche,
y en las olas de cuevas que iluminan
las fuentes, oh seguidnos, mientras que
nuestra música tenue y tan salvaje
simula la elegancia de tus pasos,
¡Hija del Océano!

ASIA

¿Perseguiremos el sonido? El sonido que va
marchitándose, alejándose.

PANTHEA

List! the strain floats nearer now.

ECHOES

In the world unknown
Sleeps a voice unspoken;
By thy step alone
Can its rest be broken;
Child of Ocean!

ASIA

How the notes sink upon the ebbing wind!

ECHOES

O, follow, follow!
Through the caverns hollow,
As the song floats thou pursue,
By the woodland noontide dew;
By the forest, lakes, and fountains,
Through the many-folded mountains;
To the rents, and gulfs, and chasms,
Where the Earth reposed from spasms,
On the day when He and thou
Parted, to commingle now;
Child of Ocean!

ASIA

Come, sweet Panthea, link thy hand in mine,
And follow, ere the voices fade away.

PANTHEA

¡Escucha su compás que ahora se acerca!

ECOS

En el mundo que aún no se conoce
duerme una voz que no habla;
su descanso solo es roto
por tus pasos tan solo;
¡Hija del Océano!

ASIA

¡La música se ha hundido ya en el viento!

ECOS

¡Oh seguidnos, seguidnos!
Atravesando las cavernas huecas,
mientras flotan canciones que perseguís vosotros,
junto al rocío de un bosque al mediodía,
por lagos, bosques, por las mismas fuentes,
cruzando las montañas más agrestes,
hasta llegar a golfos y al abismo
donde la Tierra descansó por fin
en aquel día en que os separasteis
Él y vosotras, para hallaros ya;
¡Hija del Océano!

ASIA

Dulce Panthea, ven, dame la mano,
y sigamos las voces antes de que se esfumen.

SCENE II

A Forest, intermingled with Rocks and Caverns.
ASIA *and* PANTHEA *pass into it. Two young Fauns
are sitting on a Rock listening.*

SEMICHORUS I OF SPIRITS

The path through which that lovely twain
Have passed, by cedar, pine, and yew,
And each dark tree that ever grew,
Is curtained out from Heaven's wide blue;
Nor sun, nor moon, nor wind, nor rain,
Can pierce its interwoven bowers,
Nor aught, save where some cloud of dew,
Drifted along the earth-creeping breeze,
Between the trunks of the hoar trees,
Hangs each a pearl in the pale flowers
Of the green laurel, blown anew;
And bends, and then fades silently,
One frail and fair anemone:
Or when some star of many a one
That climbs and wanders through steep night,
Has found the cleft through which alone
Beams fall from high those depths upon
Ere it is borne away, away,
By the swift Heavens that cannot stay,
It scatters drops of golden light,
Like lines of rain that ne'er unite:
And the gloom divine is all around,
And underneath is the mossy ground.

SEMICHORUS II

There the voluptuous nightingales,
Are awake through all the broad noonday.

ESCENA II

Un bosque, con Rocas y Cuevas. ASIA *y* PANTHEA *entran al bosque. Hay dos faunos jóvenes, sentados en una Roca, escuchando.*

PRIMER SEMICORO DE ESPÍRITUS

El camino que siguen las dos bellas hermanas
es camino de cedros, de pinos y de tejos,
y cada árbol oscuro que creció
no recibe del Cielo el amplio azul;
ni la luna ni el sol, ni el viento ni la lluvia
atraviesan sus ramas enlazadas,
sí, nada, salvo un poco de rocío
que la brisa transporta hasta el mantillo;
entre troncos de árboles muy blancos,
de las flores marchitas cuelgan perlas
de laurel verde, que ha vuelto a nacer;
y se inclina, y se apaga silenciosa,
quebrando el tallo, alguna hermosa anémona;
o cuando una de muchas estrellas
que trepa y vaga por la alta noche
algunas veces halla la hendidura
por la cual llueven rayos sobre esos abismos
aun antes de alejarse, de alejarse
hacia los Cielos que no permanecen,
y vierte gotas de la luz dorada,
como líneas de lluvia nunca unidas:
y la divina oscuridad es todo,
y debajo está el suelo ya cubierto de musgo.

SEMICORO II

Y los voluptüosos ruiseñores
allí despiertan todo el mediodía.

When one with bliss or sadness fails,
And through the windless ivy-boughs,
Sick with sweet love, droops dying away
On its mate's music-panting bosom;
Another from the swinging blossom,
Watching to catch the languid close
Of the last strain, then lifts on high
The wings of the weak melody,
'Till some new strain of feeling bear
The song, and all the woods are mute;
When there is heard through the dim air
The rush of wings, and rising there
Like many a lake-surrounded flute,
Sounds overflow the listener's brain
So sweet, that joy is almost pain.

SEMICHORUS I

There those enchanted eddies play
Of echoes, music-tongued, which draw,
By Demogorgon's mighty law,
With melting rapture, or sweet awe,
All spirits on that secret way;
As inland boats are driven to Ocean
Down streams made strong with mountain-thaw:
And first there comes a gentle sound
To those in talk or slumber bound,
And wakes the destined soft emotion, —
Attracts, impels them; those who saw
Say from the breathing earth behind
There steams a plume-uplifting wind
Which drives them on their path, while they
Believe their own swift wings and feet
The sweet desires within obey:
And so they float upon their way,

Si uno falla por dicha o por tristeza
y en las ramas inmóviles de hiedra,
tan enfermo de amor, muere por fin
junto al pecho amoroso de su hembra,
otro desde la flor que balancea,
atento a la caída del primero
y su último gorjeo, da a la altura
las alas de una tenue melodía,
hasta que la canción es sostenida
por nuevo sentimiento y enmudecen los bosques;
y cuando por el aire oscuro se oye
un agitar de alas y las flautas del lago,
entonces los sonidos la mente del atento
inundan de tal forma que el gozo se hace pena.

PRIMER SEMICORO

Allí hechizados juegan remolinos
de los ecos, tan melodiosos, que
sujetos a la ley de Demogorgon
atraen con un éxtasis o un sobrecogimiento
a todos los espíritus a la secreta senda;
como barcas de tierra que salen hacia el mar
por ríos que el deshielo hizo fuertes.
Y allí de pronto viene un sonido gentil
a aquellos que conversan o que duermen
y les trae una suave, destinada emoción,
despertándolos, atrayéndolos:
y los testigos que lo vieron dicen
que de la tierra jadeante sube
un viento que por fin eleva plumas
y los conduce por su senda exacta,
mientras ellos suponen que sus rápidos pies
y sus rápidas alas obedecen
al deseo tan dulce que en sus pechos habita
y van flotando por ese camino

Until, still sweet, but loud and strong,
The storm of sound is driven along,
Sucked up and hurrying: as they fleet
Behind, its gathering billows meet
And to the fatal mountain bear
Like clouds amid the yielding air.

FIRST FAUN

Canst thou imagine where those spirits live
Which make such delicate music in the woods?
We haunt within the least frequented caves
And closest coverts, and we know these wilds,
Yet never meet them, though we hear them oft:
Where may they hide themselves?

SECOND FAUN

'Tis hard to tell:
I have heard those more skilled in spirits say,
The bubbles, which the enchantment of the sun
Sucks from the pale faint water-flowers that pave
The oozy bottom of clear lakes and pools,
Are the pavilions where such dwell and float
Under the green and golden atmosphere
Which noontide kindles through the woven leaves;
And when these burst, and the thin fiery air,
The which they breathed within those lucent domes,
Ascends to flow like meteors through the night,
They ride on them, and rein their headlong speed,
And bow their burning crests, and glide in fire
Under the waters of the earth again.

hasta que dulce, pero muy ruidosa,
la tempestad sonora va extendiéndose,
atraída, absorbida; mientras vuelan
detrás, ya se reúnen altas olas,
y van a la montaña fatalmente
como nubes por aire derrotado.

PRIMER FAUNO

¿Puedes tú imaginar la morada de aquellos
espíritus que cantan en los bosques?
Nosotros conocemos las cuevas más ocultas
y refugios muy solos, conocemos
estas zonas salvajes, pero jamás los vemos,
no vemos los espíritus, aunque sí los oímos:
¿dónde podrían esconderse ellos?

SEGUNDO FAUNO

No es fácil de contar:
oí a los expertos en espíritus
decir que las burbujas, que absorbe el sol con magia
de las flores marchitas, de nenúfares
sobre el fondo tan sucio de estanques y de lagos,
esas burbujas son moradas de las almas,
las casas donde viven los espíritus,
y bajo la dorada y verde atmósfera
que ilumina la luz del mediodía
a través de las hojas, flotan ellos;
y cuando estallan todas las burbujas
el aire enrarecido que había en su interior
asciende y fluye cual veloz meteoro,
sí, esos meteoros cuyos jinetes son
los espíritus, que dominan sus monturas
celestiales e inclinan las frentes que arden ya
y envueltos en el fuego entran de nuevo
debajo de las aguas.

First Faun

If such live thus, have others other lives,
Under pink blossoms or within the bells
Of meadow flowers, or folded violets deep,
Or on their dying odours, when they die,
Or in the sunlight of the sphered dew?

Second Faun

Ay, many more which we may well divine.
But, should we stay to speak, noontide would come,
And thwart Silenus find his goats undrawn,
And grudge to sing those wise and lovely songs
Of Fate, and Chance, and God, and Chaos old,
And Love, and the chained Titan's woful doom,
And how he shall be loosed, and make the earth
One brotherhood: delightful strains which cheer
Our solitary twilights, and which charm
To silence the unenvying nightingales.

SCENE III

A Pinnacle of Rock among Mountains. ASIA *and* PANTHEA.

Panthea

Hither the sound has borne us — to the realm
Of Demogorgon, and the mighty portal,
Like a volcano's meteor-breathing chasm,
Whence the oracular vapour is hurled up
Which lonely men drink wandering in their youth,

PRIMER FAUNO

Si es así como viven, ¿pueden otros vivir
bajo las flores rosas o en campánulas
que abren en la pradera, o dentro de violetas,
o en perfumes que mueren si ellos mueren,
o en la luz que desprende esférico rocío?

SEGUNDO FAUNO

La verdad es que sí, y que viven en otros
muchos sitios que puedo adivinar.
Si seguimos hablando llegará el mediodía
y Sileno hallará sin ordeñar sus cabras,
y no querrá cantar los dulces, sabios cantos
del Destino y la Suerte, de Dios y el viejo Caos,
del Amor, del horrible destino del Titán,
y también sobre cómo será al fin liberado,
y así será la tierra hermandad toda:
canciones deliciosas que alegran el crepúsculo
solitario y hechizan a los pájaros,
a esos ruiseñores no envidiosos
que atienden al silencio.

ESCENA III

Pináculo rocoso en las Montañas. ASIA *y* PANTHEA.

PANTHEA

El sonido nos trajo a este lugar,
reino de Demogorgon, el poderoso umbral,
cual boca de volcán echando lava,
manantial donde beben todos los solitarios
mientras jóvenes son, y errantes y así llaman

And call truth, virtue, love, genius, or joy,
That maddening wine of life, whose dregs they drain
To deep intoxication; and uplift,
Like Maenads who cry loud, Evoe! Evoe!
The voice which is contagion to the world.

ASIA

Fit throne for such a Power! Magnificent!
How glorious art thou, Earth! And if thou be
The shadow of some spirit lovelier still,
Though evil stain its work, and it should be
Like its creation, weak yet beautiful,
I could fall down and worship that and thee.
Even now my heart adoreth: Wonderful!
Look, sister, ere the vapour dim thy brain:
Beneath is a wide plain of billowy mist,
As a lake, paving in the morning sky,
With azure waves which burst in silver light,
Some Indian vale. Behold it, rolling on
Under the curdling winds, and islanding
The peak whereon we stand, midway, around,
Encinctured by the dark and blooming forests,
Dim twilight-lawns, and stream-illumed caves,
And wind-enchanted shapes of wandering mist;
And far on high the keen sky-cleaving mountains
From icy spires of sun-like radiance fling
The dawn, as lifted Ocean's dazzling spray,
From some Atlantic islet scattered up,
Spangles the wind with lamp-like water-drops.
The vale is girdled with their walls, a howl

virtud, amor, verdad, genio o alegría
a ese vino eufórico de vida,
que hasta las heces beben, apurándolo
hasta caer borrachos; luego elevan,
cual Ménades, sus gritos: «¡Evoé, Evoé!»,
voces que son la peste de este mundo.

ASIA

¡El trono es adecuado para un Poder tan grande!
¡Oh Tierra, qué gloriosa! Y si fueras la sombra
de otro espíritu aun más encantador,
aunque manchara el mal todas sus obras,
y aunque él fuera como su creación,
frágil y hermoso, puesta de rodillas
yo os adoraría a ti y a él.
También mi corazón es quien adora:
¡oh maravilla! Mira, hermana, antes
que oscurezca tu mente este vapor,
abajo, en la llanura tan cubierta de niebla,
como lago en el cielo de la aurora,
con sus olas azules que se rompen en plata,
ahí hay un valle indio. Mira cómo la bruma
se extiende manejada por los vientos,
aislando así esta cima en la que estamos,
rodeada de oscuros y florecientes bosques,
de tierras del crepúsculo, de cuevas luminosas,
y de formas errantes en la niebla;
y allí arriba las cimas que atraviesan el cielo,
que desde el pico helado irradiador
dejan caer la aurora, como espuma
que el Océano alza en un instante
desde alguna isla del Atlántico
y esparce por los vientos sus gotas encendidas.
El valle rodeado por las cimas
se encuentra y el aullido

Of cataracts from their thaw-cloven ravines,
Satiates the listening wind, continuous, vast,
Awful as silence. Hark! the rushing snow!
The sun-awakened avalanche! whose mass,
Thrice sifted by the storm, had gathered there
Flake after flake, in heaven-defying minds
As thought by thought is piled, till some great truth
Is loosened, and the nations echo round,
Shaken to their roots, as do the mountains now.

PANTHEA

Look how the gusty sea of mist is breaking
In crimson foam, even at our feet! it rises
As Ocean at the enchantment of the moon
Round foodless men wrecked on some oozy isle.

ASIA

The fragments of the cloud are scattered up;
The wind that lifts them disentwines my hair;
Its billows now sweep o'er mine eyes; my brain
Grows dizzy; see'st thou shapes within the mist?

PANTHEA

A countenance with beckoning smiles: there burns
An azure fire within its golden locks!
Another and another: hark! they speak!

de esas cataratas, las hijas del deshielo,
sacia al viento que oye, tan vasto y tan continuo,
y tan horrible como es el silencio.
¡Oye ya esta nieve ruïdosa!
¡Es el alud causado por el sol!
Y su masa, filtrada ya tres veces
por una tempestad, se ha apilado ahí,
copo tras copo, como en aquellos que osan
desafïar al Cielo se apilan las ideas
hasta que es liberada la Verdad,
y todas las naciones se hacen eco,
estremecidas hasta la raíz;
pues eso mismo ocurre en estas cimas.

PANTHEA

¡Mira cómo se quiebra el alto mar de niebla
en espuma de tono carmesí,
aquí a nuestros pies! Bajo hechizo lunar
se eleva como Océano sobre la pobre isla
de náufragos hambrientos.

ASIA

Las nubes se disuelven fragmentadas;
el viento desenreda mi cabello;
sus olas pasan ya sobre mis ojos;
mi mente está cansada. ¿Te es posible
divisar esas formas en la niebla?

PANTHEA

Hay un semblante que sonríe mucho:
fuego de azur en los dorados rizos.
Y hay otro y otro más. Ahora hablan. ¡Escúchalos!

To the deep, to the deep,
Down, down!
Through the shade of sleep,
Through the cloudy strife
Of Death and of Life;
Through the veil and the bar
Of things which seem and are
Even to the steps of the remotest throne,
Down, down!

While the sound whirls around,
Down, down!
As the fawn draws the hound,
As the lightning the vapour,
As a weak moth the taper;
Death, despair; love, sorrow;
Time both; to-day, to-morrow;
As steel obeys the spirit of the stone,
Down, down!

Through the gray, void abysm,
Down, down!
Where the air is no prism,
And the moon and stars are not,
And the cavern-crags wear not
The radiance of Heaven,
Nor the gloom to Earth given,
Where there is One pervading, One alone,
Down, down

In the depth of the deep,
Down, down!
Like veiled lightning asleep,
Like the spark nursed in embers,
The last look Love remembers,

¡A la profundidad, a la profundidad!
¡Desciende ya, desciende!
A través de la sombra de los sueños,
a través de la lucha de la Vida y la Muerte,
a través de ese velo y la barrera
de las cosas que son y que parecen,
hasta los escalones del más lejano trono,
¡desciende ya, desciende!

Mientras estallan todos los sonidos,
¡desciende ya, desciende!
Como el ciervo que atrae a los sabuesos,
o el rayo atrae al vapor,
la vela a la polilla;
muerte, amor, dolor y desesperanza;
y el tiempo que es el hoy y es el mañana,
como acero obediente a la ley de la piedra,
¡desciende ya, desciende!

A través del abismo que está vacío y gris,
¡desciende ya, desciende!
Donde no sirve como prisma el aire,
donde ya no hay luna ni hay estrellas,
y las cuevas carecen del brillo de los Cielos
y de la oscuridad dada a la Tierra,
donde hay Uno y todo se hace Uno,
¡desciende ya, desciende!

Al fondo de la gran profundidad,
¡desciende ya, desciende!,
como el relámpago que se quedó dormido,
como el ascua que queda en la ceniza,
o la última mirada que recuerda el Amor,

Like a diamond, which shines
On the dark wealth of mines,
A spell is treasured but for thee alone.
Down, down!

We have bound thee, we guide thee;
Down, down!
With the bright form beside thee;
Resist not the weakness,
Such strength is in meekness
That the Eternal, the Immortal,
Most unloose through life's portal
The snake-like Doom coiled underneath his throne
By that alone.

SCENE IV

The Cave of Demogorgon. ASIA *and* PANTHEA.

PANTHEA

What veiled form sits on that ebon throne?

ASIA

The veil has fallen.

PANTHEA

I see a mighty darkness
Filling the seat of power, and rays of gloom
Dart round, as light from the meridian sun.
Ungazed upon and shapeless; neither limb,
Nor form, nor outline; yet we feel it is
A living Spirit.

como el diamante que allí brilla
en la oscura riqueza de las minas,
hay un hechizo que te espera a ti,
a ti, a ti tan solo.
¡Desciende ya, desciende!

Nosotros que te atamos, al fin te conducimos;
¡desciende ya, desciende!
Con la forma brillante junto a ti;
ríndete a tu debilidad;
hay tal fuerza en la humildad
que el Eterno, Inmortal,
libera por la puerta de la vida
al Destino, esa sierpe enroscada en su trono,
solamente por ello.

ESCENA IV

La cueva de Demogorgon. ASIA *y* PANTHEA.

PANTHEA

¿Qué forma con su velo ocupa el trono de ébano?

ASIA

Ha caído ya el velo.

PANTHEA

Veo la poderosa oscuridad
sentada en ese trono del poder,
rodeada por rayos de tiniebla
como si fuera luz del mediodía.
Sin su forma precisa y nunca visto;
no hay miembros, ni silueta ni figura;
sin embargo sentimos que es un alma viviente.

DEMOGORGON

Ask what thou wouldst know.

ASIA

What canst thou tell?

DEMOGORGON

All things thou dar'st demand.

ASIA

Who made the living world?

DEMOGORGON

God.

ASIA

Who made all
That it contains? thought, passion, reason, will,
Imagination?

DEMOGORGON

God: Almighty God.

ASIA

Who made that sense which, when the winds of Spring
In rarest visitation, or the voice
Of one beloved heard in youth alone,
Fills the faint eyes with falling tears which dim
The radiant looks of unbewailing flowers,
And leaves this peopled earth a solitude
When it returns no more?

[200]

DEMOGORGON

Pregúntame aquello que te plazca.

ASIA

¿Tú qué puedes contarme?

DEMOGORGON

Puedo contarte todo lo que pidas.

ASIA

¿Quién creó este mundo vivo?

DEMOGORGON

Dios

ASIA

¿Quién hizo todo lo que está en el mundo:
pensamiento y pasión, razón y voluntad
y la Imaginación?

DEMOGORGON

Lo hizo Dios, el Todopoderoso.

ASIA

¿Quién hizo ese sentido que, al llegar primavera
y visitarnos vientos o esa voz
de alguien a quien quisimos en nuestra juventud,
llena ojos marchitos de lágrimas oscuras
que nublan el radiante aspecto de las flores,
y esta tierra poblada la convierte en un yermo
cuando ya nunca vuelve?

DEMOGORGON

Merciful God.

ASIA

And who made terror, madness, crime, remorse,
Which from the links of the great chain of things,
To every thought within the mind of man
Sway and drag heavily, and each one reels
Under the load towards the pit of death;
Abandoned hope, and love that turns to hate;
And self-contempt, bitterer to drink than blood;
Pain, whose unheeded and familiar speech
Is howling, and keen shrieks, day after day;
And Hell, or the sharp fear of Hell?

DEMOGORGON

He reigns.

ASIA

Utter his name: a world pining in pain
Asks but his name: curses shall drag him down.

DEMOGORGON

He reigns.

ASIA

I feel, I know it: who?

DEMOGORGON

He reigns.

DEMOGORGON

Dios Misericordioso es quien lo hizo.

ASIA

¿Y quién hizo el terror y los remordimientos,
los eslabones de la gran cadena
de todo lo terrible de este mundo
que alcanza incluso al pensamiento humano
y cuelga tan pesada que cada cual se arrastra
bajo ese inmenso peso al abismo mortal;
la esperanza olvidada; el amor vuelto odio;
y la baja autoestima,
bebida más amarga que la sangre;
el dolor, el dolor de las palabras
a las que no atendimos y eran familiares,
ese dolor que es un aullido eterno;
y el Infierno por fin, y el miedo a ese Infierno?

DEMOGORGON

Es él quien reina.

ASIA

Di su nombre; este mundo, que rebosa dolor,
tan solo quiere conocer su nombre.
Las maldiciones lo derrotarán.

DEMOGORGON

Es él quien reina.

ASIA

Lo intuyo, ¿quién es?

DEMOGORGON

Es Él quien reina.

Who reigns? There was the Heaven and Earth at first,
And Light and Love; then Saturn, from whose throne
Time fell, an envious shadow: such the state
Of the earth's primal spirits beneath his sway,
As the calm joy of flowers and living leaves
Before the wind or sun has withered them
And semivital worms; but he refused
The birthright of their being, knowledge, power,
The skill which wields the elements, the thought
Which pierces this dim universe like light,
Self-empire, and the majesty of love;
For thirst of which they fainted. Then Prometheus
Gave wisdom, which is strength, to Jupiter,
And with this law alone, «Let man be free,»
Clothed him with the dominion of wide Heaven.
To know nor faith, nor love, nor law; to be
Omnipotent but friendless is to reign;
And Jove now reigned; for on the race of man
First famine, and then toil, and then disease,
Strife, wounds, and ghastly death unseen before,
Fell; and the unseasonable seasons drove
With alternating shafts of frost and fire,
Their shelterless, pale tribes to mountain caves:
And in their desert hearts fierce wants he sent,
And mad disquietudes, and shadows idle
Of unreal good, which levied mutual war,
So ruining the lair wherein they raged.

¿Quién reina? En el principio había Tierra y Cielo,
y Luz y Amor y, más tarde, Saturno,
de cuyo trono fue cayendo el Tiempo,
una envidiosa sombra: aquel era el estado
de seres genesíacos bajo dominio suyo,
como dulce alegría de flores y de hojas
antes que el viento, el sol las marchitaran,
gusanos casi vivos; pero él les prohibió
hasta el mismo derecho de su ser,
el poder y el saber, dominio de elementos,
el pensamiento que horadando va
este oscuro universo como luz,
la potestad y magia del amor,
pues se habían desmayado sedientos de estas cosas.
Entonces Prometeo concedió el saber,
que es también una fuerza, al mismo Júpiter,
y solo estableció una condición:
«Deja al hombre ser libre», y por ello le dio
el dominio del ancho y alto Cielo.
No saber qué es la fe, qué es el amor, la ley;
y ser omnipotente sin amigos:
eso es reinar. Y Júpiter reinó,
mientras la estirpe humana sufría hambre y esfuerzo,
enfermedades, penas, y una muerte
que jamás fuera conocida antes.
Y así las estaciones que son insoportables
con ráfagas de fuego o bien de frío
conducen a las razas sin refugio y sin fuerza
a las negras cavernas de montaña.
Y en sus desiertos corazones puso
deseos formidables, terribles inquietudes,
finas sombras de un bien que es irreal,
causas de las posibles guerras mutuas
que arrasaron los lares donde ellos rabiaban.

Prometheus saw, and waked the legioned hopes
Which sleep within folded Elysian flowers,
Nepenthe, Moly, Amaranth, fadeless blooms,
That they might hide with thin and rainbow wings
The shape of Death; and Love he sent to bind
The disunited tendrils of that vine
Which bears the wine of life, the human heart;
And he tamed fire which, like some beast of prey,
Most terrible, but lovely, played beneath
The frown of man; and tortured to his will
Iron and gold, the slaves and signs of power,
And gems and poisons, and all subtlest forms
Hidden beneath the mountains and the waves.
He gave man speech, and speech created thought,
Which is the measure of the universe;
And Science struck the thrones of earth and heaven,
Which shook, but fell not; and the harmonious mind
Poured itself forth in all-prophetic song;
And music lifted up the listening spirit
Until it walked, exempt from mortal care,
Godlike, o'er the clear billows of sweet sound;
And human hands first mimicked and then mocked,
With moulded limbs more lovely than its own,
The human form, till marble grew divine;
And mothers, gazing, drank the love men see
Reflected in their race, behold, and perish.
He told the hidden power of herbs and springs,

Esto vio Prometeo, y despertó esperanzas,
legiones de esperanzas dormidas en las flores
del Elíseo, Nepente, y Moly y Amaranta[6],
que nunca se marchitan, cuyas alas pintadas
pudieran esconder la forma de la Muerte;
y él envió al Amor a unir de nuevo
los hermosos zarcillos de las viñas
que dan vino vital, el corazón.
Y domó a ese fuego que como un animal,
terrible como bello, juega bajo los ceños
humanos. Su poder ya sometió
hierro y oro, esclavos y signos de poder,
las joyas y venenos, y las formas sutiles
ocultas bajo tierra y bajo olas.
Y al hombre dio el lenguaje, y el lenguaje creó
el pensar, la medida de todo el universo.
Y la Ciencia asoló
los tronos de la Tierra y los del Cielo
sin derrocarlos, pero el pensar armonioso
dejó libre el perfume de sus cantos proféticos;
y sublimó la música al espíritu atento
hasta que este anduvo ya sin mortal cuidado,
como un dios
sobre las claras olas del sonido;
las manos imitaron y despreciaron luego,
habiendo modelado con más belleza, el cuerpo
y así el mármol se hizo al fin divino.
Y las madres atentas bebieron el amor
que ven los hombres en su propia raza
cuando, al mirarlo, mueren.
Reveló el secreto poder de cada hierba,

---

[6] El Elíseo es el paraíso en la mitología clásica. La flor llamada Nepente da un bálsamo reparador y Moly es una hierba mágica en la mitología. Del mismo modo, Amaranta es una flor que se relaciona con la eternidad y la inmortalidad.

And Disease drank and slept. Death grew like sleep.
He taught the implicated orbits woven
Of the wide-wandering stars; and how the sun
Changes his lair, and by what secret spell
The pale moon is transformed, when her broad eye
Gazes not on the interlunar sea:
He taught to rule, as life directs the limbs,
The tempest-winged chariots of the Ocean,
And the Celt knew the Indian. Cities then
Were built, and through their snow-like columns flowed
The warm winds, and the azure aether shone,
And the blue sea and shadowy hills were seen.
Such, the alleviations of his state,
Prometheus gave to man, for which he hangs
Withering in destined pain: but who rains down
Evil, the immedicable plague, which, while
Man looks on his creation like a God
And sees that it is glorious, drives him on,
The wreck of his own will, the scorn of earth,
The outcast, the abandoned, the alone?
Not Jove: while yet his frown shook Heaven, ay, when
His adversary from adamantine chains
Cursed him, he trembled like a slave. Declare
Who is his master? Is he too a slave?

DEMOGORGON

All spirits are enslaved which serve things evil:
Thou knowest if Jupiter be such or no.

ASIA

Whom calledst thou God?

de cada manantial. Y así la Enfermedad
se emborrachó y durmió. La Muerte ya era sueño.
Describió las elipses y las órbitas
tejidas por estrellas siempre errantes;
y cómo el sol varía su mansión,
y con qué magia va la luna transformándose,
cuando sus ojos grandes ya no miran al mar.
Enseñó a dominar, como vida a los miembros,
los carros tempestuosos del Océano,
y así el Celta conoció al Indio.
Se elevaron Ciudades con columnas de nieve
y con candentes vientos, y brilló azul el éter,
y así se divisaron las colinas y el mar.
Y esto hizo Prometeo para aliviar al hombre
ante su condición y fue encadenado
y un destino feroz sufre por ello:
¿quién nos trae este mal, esta plaga terrible,
mientras el hombre mira su creación
como si fuera un dios y gloriosa la ve
mientras el mal persigue a tantos hombres
de voluntad quebrada, escarnio de la tierra,
y los margina y abandona solos?
No Júpiter: y mientras su ceño golpea el Cielo,
mientras su adversario encadenado
lo maldecía, él temblaba como esclavo.
¿Pues quién es su señor? ¿No es también un esclavo?

DEMOGORGON

Las almas sometidas al mal son las esclavas:
Tú conoces si Júpiter es ya una de ellas.

ASIA

¿A quién llamaste Dios?

[209]

DEMOGORGON

I spoke but as ye speak,
For Jove is the supreme of living things.

ASIA

Who is the master of the slave?

DEMOGORGON

If the abysm
Could vomit forth its secrets ... But a voice
Is wanting, the deep truth is imageless;
For what would it avail to bid thee gaze
On the revolving world? What to bid speak
Fate, Time, Occasion, Chance, and Change? To these
All things are subject but eternal Love.

ASIA

So much I asked before, and my heart gave
The response thou hast given; and of such truths
Each to itself must be the oracle.
One more demand; and do thou answer me
As mine own soul would answer, did it know
That which I ask. Prometheus shall arise
Henceforth the sun of this rejoicing world:
When shall the destined hour arrive?

DEMOGORGON

Behold!

DEMOGORGON

Yo hablo cual vosotros,
Júpiter es sublime entre todas las cosas.

ASIA

¿Y quién es el señor de aquel esclavo?

DEMOGORGON

Si las simas del mundo vomitaran secretos...
Mas se requiere voz y la verdad profunda
no puede presentarse con imágenes.
¿Serviría de algo pedirte que tú mires
al mundo giratorio? ¿De qué nos serviría
que hablaran el Destino, el Tiempo, la Ocasión,
el mismo Cambio? Todo está sujeto a ellos,
salvo el eterno Amor.

ASIA

Tanto pregunté antes que el corazón me dijo
la respuesta que tú mismo me has dado,
y cada uno debe ser oráculo
de las verdades para ellos mismos.
Una cosa te ruego, y tú contéstame
como contestaría mi alma a la pregunta.
Se alzará Prometeo como el bendito sol
de este mundo feliz, ¿pero cuándo será
ese instante que está predestinado?

DEMOGORGON

¡Contempla!

Asia

The rocks are cloven, and through the purple night
I see cars drawn by rainbow-winged steeds
Which trample the dim winds: in each there stands
A wild-eyed charioteer urging their flight.
Some look behind, as fiends pursued them there,
And yet I see no shapes but the keen stars:
Others, with burning eyes, lean forth, and drink
With eager lips the wind of their own speed,
As if the thing they loved fled on before,
And now, even now, they clasped it. Their bright locks
Stream like a comet's flashing hair: they all
Sweep onward.

Demogorgon

These are the immortal Hours,
Of whom thou didst demand. One waits for thee.

Asia

A spirit with a dreadful countenance
Checks its dark chariot by the craggy gulf.
Unlike thy brethren, ghastly charioteer,
Who art thou? Whither wouldst thou bear me? Speak!

Spirit

I am the shadow of a destiny
More dread than is my aspect: ere yon planet

ASIA

Se han partido las rocas y en la noche purpúrea
veo los carros tirados por corceles
alados con colores de arcoíris
que pisotean los oscuros vientos;
en cada carro hay un auriga
salvaje, sí, un cómitre exigente.
Unos se vuelven a mirar atrás
para ver si los siguen los demonios,
pero yo solo veo las estrellas brillantes.
Otros, de ojos lumínicos, se inclinan por beber
ávidamente el viento de su velocidad,
como si lo que aman fuera delante de ellos
y ya casi pudieran agarrarlo.
Y sus rizos brillantes fluyen cual cabellera
de un cometa con todos sus destellos:
ahí van, hacia delante.

DEMOGORGON

Pues estas son las inmortales Horas,
por quienes preguntabas tanto tú.
Y hay una hora que te espera a ti.

ASIA

Un espíritu horrible detiene su carroza
siniestra al borde de escarpado abismo.
Tan distinto a los otros, oh auriga temible,
dime quién eres tú y dónde has de llevarme.
¡Háblame!

ESPÍRITU

Soy la sombra que anuncia un destino peor
que mi apariencia misma: y antes que ese planeta

Has set, the darkness which ascends with me
Shall wrap in lasting night heaven's kingless throne.

ASIA

What meanest thou?

PANTHEA

That terrible shadow floats
Up from its throne, as may the lurid smoke
Of earthquake-ruined cities o'er the sea.
Lo! it ascends the car; the coursers fly
Terrified: watch its path among the stars
Blackening the night!

ASIA

Thus I am answered: strange!

PANTHEA

See, near the verge, another chariot stays;
An ivory shell Inlaid with crimson fire,
Which comes and goes within its sculptured rim
Of delicate strange tracery; the young spirit
That guides it has the dove-like eyes of hope;
How its soft smiles attract the soul! as light
Lures winged insects through the lampless air.

se haya ocultado, ay, la oscuridad
que asciende junto a mí ha de cubrir
en una noche eterna esos tronos sin rey
de los Cielos.

ASIA

¿Qué pretendes decir?

PANTHEA

Igual que el humo sube desde el mar,
humo sobre ciudades en ruïnas
por algún terremoto,
así se alza esa sombra desde el trono.
¡Contempla! Pues ahora es auriga del carro
y vuelan los caballos asustados:
¡mira cómo su paso entre los astros
ennegrece la noche!

ASIA

¡Así se me responde! ¡Es extraño!

PANTHEA

Mira, otro carro espera al borde de la sima;
es concha marfileña con fuego carmesí,
que avanza y retrocede en el filo esculpido
de extraña tracería delicada;
el espíritu joven que es auriga
tiene ojos de paloma y esperanza.
¡Cómo atrae su sonrisa a nuestras almas
igual que luz a insectos convocando
por los aires desiertos tan oscuros!

My coursers are fed with the lightning,
They drink of the whirlwind's stream,
And when the red morning is bright'ning
They bathe in the fresh sunbeam;
They have strength for their swiftness I deem,
Then ascend with me, daughter of Ocean.

I desire: and their speed makes night kindle;
I fear: they outstrip the Typhoon;
Ere the cloud piled on Atlas can dwindle
We encircle the earth and the moon:
We shall rest from long labours at noon:
Then ascend with me, daughter of Ocean.

SCENE V

*The Car pauses within a Cloud on the top of a snowy
Mountain.* ASIA, PANTHEA, *and* THE SPIRIT OF THE HOUR.

SPIRIT

On the brink of the night and the morning
My coursers are wont to respire;
But the Earth has just whispered a warning
That their flight must be swifter than fire:
They shall drink the hot speed of desire!

ASIA

Thou breathest on their nostrils, but my breath
Would give them swifter speed.

ESPÍRITU

Mis caballos bebieron los relámpagos
y beben la corriente, el torbellino,
y cuando brilla roja la mañana
se bañan en los rayos más frescos de ese sol.
Tienen fuerza a pesar de ser tan rápidos;
oh hija del Océano, asciende así conmigo.

Si algo quiero, toda su rapidez
enciende nuestra noche;
si tengo miedo, ellos superan al Tifón.
Antes que se disuelvan las nubes sobre el Atlas,
ya hemos dado la vuelta al mundo y a la luna:
habrá que descansar a mediodía.
Oh hija del Océano, asciende así conmigo.

ESCENA V

*El carro se para dentro de una nube sobre la cima nevada de
una montaña.* ASIA, PANTHEA *y* EL ESPÍRITU DE LA HORA.

ESPÍRITU

Al filo de la noche y la mañana
es cuando mis caballos más respiran;
y suspira la Tierra una advertencia:
¡han de volar más rápido que el fuego,
el deseo es veloz y abrasador
y ellos deben beberlo!

ASIA

Es cierto que concedes tú su hálito
pero serían más rápidos si tuvieran mi aliento.

Alas! it could not.

Oh Spirit! pause, and tell whence is the light
Which fills this cloud? the sun is yet unrisen.

SPIRIT

The sun will rise not until noon. Apollo
Is held in heaven by wonder; and the light
Which fills this vapour, as the aereal hue
Of fountain-gazing roses fills the water,
Flows from thy mighty sister.

PANTHEA

Yes, I feel —

ASIA

What is it with thee, sister? Thou art pale.

PANTHEA

How thou art changed! I dare not look on thee;
I feel but see thee not. I scarce endure
The radiance of thy beauty. Some good change
Is working in the elements, which suffer
Thy presence thus unveiled. The Nereids tell
That on the day when the clear hyaline
Was cloven at thine uprise, and thou didst stand
Within a veined shell, which floated on
Over the calm floor of the crystal sea,

¡Ay, no podría ser!

Para un momento, Espíritu, ¿de dónde es esa luz
que ha llenado la nube? Aún no ha salido el sol.

No habrá sol todavía hasta las doce.
Apolo es retenido por una maravilla
que hay en el paraíso, y se alza la luz
que llena este vapor como el matiz etéreo
de rosas narcisistas sobre el agua
desde tu poderosa hermana y fluye.

Sí, lo siento.

¿Qué te sucede, hermana? Estás muy pálida.

¡Es que has cambiado tanto que no puedo mirarte!
Te siento y no te veo. Y es que apenas soporto
la luz de tu belleza. Algún cambio benéfico
trabaja en nuestros elementos, que
al fin sufren tu forma revelada.
Y cuentan las Nereidas que se abrieron las aguas
hialinas y tan claras para que tú te eleves.
Y tú venías dentro de una concha marina
que flotaba en la tenue apariencia del mar,

Among the AEgean isles, and by the shores
Which bear thy name; love, like the atmosphere
Of the sun's fire filling the living world,
Burst from thee, and illumined earth and heaven
And the deep ocean and the sunless caves
And all that dwells within them; till grief cast
Eclipse upon the soul from which it came:
Such art thou now; nor is it I alone,
Thy sister, thy companion, thine own chosen one,
But the whole world which seeks thy sympathy.
Hearest thou not sounds i' the air which speak the love
Of all articulate beings? Feelest thou not
The inanimate winds enamoured of thee? List!

(Music.)

ASIA

Thy words are sweeter than aught else but his
Whose echoes they are: yet all love is sweet,
Given or returned. Common as light is love,
And its familiar voice wearies not ever.
Like the wide heaven, the all-sustaining air,
It makes the reptile equal to the God:
They who inspire it most are fortunate,
As I am now; but those who feel it most
Are happier still, after long sufferings,
As I shall soon become.

PANTHEA

List! Spirits speak.

ese mar cristalino entre islas Egeas,
y junto a las orillas que ahora llevan tu nombre
diste a luz al Amor, a esa atmósfera
de fuego que comprende el orbe entero,
y la tierra y el cielo fueron iluminados,
iluminados fueron el mar y sus cavernas
y todo lo que allí bulle y se esconde;
hasta que el sufrimiento fue el eclipse del alma,
del alma misma de donde venía.
Esta eres ahora; y ya no basto yo.
Yo solo soy tu hermana, pero el mundo
te busca entero a ti y quiere ser tu amigo.
¿No escuchas en el aire la voz de las criaturas,
de las criaturas todas que hablan del amor?
¿Y no ves que los vientos sin alma se enamoran de ti?
Escucha, hermana, escucha...

(*Música.*)

ASIA

Lo más dulce que oigo es tu palabra,
el eco de palabras que él nos dijo.
Pero el amor, correspondido o no,
es siempre dulce. Amor
común como la luz,
y su voz familiar nunca se cansa,
como el cielo tan amplio y el aire que es sostén
de todo, así consigue que un reptil sea un dios.
Aquellos que nos hacen amarlos para siempre
son tan afortunados, como ahora yo,
pero son los que aman los más felices siempre,
después de un sufrimiento; así pronto seré.

PANTHEA

¡Oye ahora, que hablan los espíritus!

Life of Life! thy lips enkindle
With their love the breath between them;
And thy smiles before they dwindle
Make the cold air fire; then screen them
In those looks, where whoso gazes
Faints, entangled in their mazes.

Child of Light! thy limbs are burning
Through the vest which seems to hide them;
As the radiant lines of morning
Through the clouds ere they divide them;
And this atmosphere divinest
Shrouds thee wheresoe'er thou shinest.

Fair are others; none beholds thee,
But thy voice sounds low and tender
Like the fairest, for it folds thee
From the sight, that liquid splendour,
And all feel, yet see thee never,
As I feel now, lost for ever!

Lamp of Earth! where'er thou movest
Its dim shapes are clad with brightness,
And the souls of whom thou lovest
Walk upon the winds with lightness,
Till they fail, as I am failing,
Dizzy, lost, yet unbewailing!

ASIA

My soul is an enchanted boat,
Which, like a sleeping swan, doth float
Upon the silver waves of thy sweet singing;
And thine doth like an angel sit

¡Oh, Vida de la Vida! Tus labios, cómo encienden
con su amor el aliento que entre ellos se exhala;
y tus sonrisas, antes de ser brasas,
convierten aire frío en fuerte fuego.
Aparta tu mirada, pues el que en ella cae
morirá enredado en laberintos.

¡Oh hija de la Luz con tus miembros ardiendo
a través de la ropa que parece ocultarlos!;
como rayos radiantes de la aurora
atraviesan las nubes antes de dividirlas;
y es esta, nuestra atmósfera divina,
lo que allí donde brillas te rodea.

Hermosas son las otras; y a ti nadie te mira,
pero suena tu voz humilde y tierna
como la más hermosa, pues te aparta
de la vista, qué grande tu esplendor,
¡y todos, aun sin verte, ya te sienten,
como yo ahora te siento, tan perdido!

¡Lámpara de la Tierra! Dondequiera que vayas
se iluminan las formas que antes eran oscuras,
y las almas de aquellos que tú amas
ligeras se pasean por los vientos,
hasta que caen como yo ahora caigo,
¡perdido y despistado, pero siempre feliz!

Asia

Un embrujado barco es ya mi alma,
flotando como cisne adormecido
en las olas de plata de tu canto,
y tu alma se sienta como un ángel

Beside a helm conducting it,
Whilst all the winds with melody are ringing.
It seems to float ever, for ever,
Upon that many-winding river,
Between mountains, woods, abysses,
A paradise of wildernesses!
Till, like one in slumber bound,
Borne to the ocean, I float down, around,
Into a sea profound, of ever-spreading sound:

Meanwhile thy spirit lifts its pinions
In music's most serene dominions;
Catching the winds that fan that happy heaven.
And we sail on, away, afar,
Without a course, without a star,
But, by the instinct of sweet music driven;
Till through Elysian garden islets
By thee, most beautiful of pilots,
Where never mortal pinnace glided,
The boat of my desire is guided:
Realms where the air we breathe is love,
Which in the winds and on the waves doth move,
Harmonizing this earth with what we feel above.

We have passed Age's icy caves,
And Manhood's dark and tossing waves,
And Youth's smooth ocean, smiling to betray:
Beyond the glassy gulfs we flee
Of shadow-peopled Infancy,
Through Death and Birth, to a diviner day;
A paradise of vaulted bowers,
Lit by downward-gazing flowers,
And watery paths that wind between
Wildernesses calm and green,

gobernando el timón,
mientras los vientos son ya pura melodía.
Para siempre, por siempre mi alma flotará
sobre el río sinuoso, entre montañas
y bosques y hasta abismos,
¡paraíso del páramo tan solo!
Y así hasta que, como quien yace en sueños,
desemboco en el mar, y así desciendo
en el profundo mar del amplio eco:

pero, mientras, tu espíritu alza el vuelo
en los suaves dominios de la música,
al ritmo de ese viento que abanica los Cielos.
Y vamos navegando, hacia delante, lejos,
sin rumbo y sin estrella que nos guíe,
conducidos tan solo por la música;
y así hasta las islas del Elíseo,
donde tú, mi más bello capitán,
allí donde jamás llegó un esquife,
gobiernas todo el barco del deseo:
reinos donde los aires son amor
y amor ya respiramos, amor en viento y ola,
y así queda creada la armonía
que hermana nuestra tierra con el cielo.

Y las cuevas heladas de toda la Vejez
y de la Madurez atrás dejamos,
y el espumoso mar de Juventud,
que sonríe al traicionarnos.
Y más allá del Golfo de la Infancia
poblado por los sueños,
a través de la Muerte y de la Cuna,
hacia un día divino; paraíso de cúpulas
encendidas por flores tan atentas,
y caminos de agua que discurren
por entornos salvajes, calmos, verdes

Peopled by shapes too bright to see,
And rest, having beheld; somewhat like thee;
Which walk upon the sea, and chant melodiously!

END OF THE SECOND ACT

y llenos de figuras deslumbrantes;
y descansar así, tras la contemplación,
como tú de algún modo; ¡como tú
que andas sobre la mar y cantas melodías!

FIN DEL SEGUNDO ACTO

ACT III

SCENE I

Heaven. JUPITER *on his Throne;* THETIS
and the other Deities assembled.

JUPITER

Ye congregated powers of heaven, who share
The glory and the strength of him ye serve,
Rejoice! henceforth I am omnipotent.
All else had been subdued to me; alone
The soul of man, like unextinguished fire,
Yet burns towards heaven with fierce reproach, and doubt,
And lamentation, and reluctant prayer,
Hurling up insurrection, which might make
Our antique empire insecure, though built
On eldest faith, and hell's coeval, fear;
And though my curses through the pendulous air,
Like snow on herbless peaks, fall flake by flake,
And cling to it; though under my wrath's night
It climbs the crags of life, step after step,
Which wound it, as ice wounds unsandalled feet,
It yet remains supreme o'er misery,

ACTO III

ESCENA I

El Cielo. JÚPITER *en su trono;* TETIS
y los otros dioses reunidos.

JÚPITER

¡Vosotros, oh poderes reünidos del Cielo,
que compartís la gloria y la fuerza de aquel
a quien debéis servir, atended y alegraos!
¡Pues soy omnipotente!
Ya todo está bajo este poder mío;
tan solo resta el alma de los hombres,
que cual fuego perpetuo con dudas y desdenes
aún lucha contra el Cielo, lamentándose,
causando rebeliones susceptibles de hacer
peligrar nuestro imperio que se eleva en la fe
de siempre y el temor hacia el Averno.
Y aunque mi maldición ha atravesado el aire
como cae la nieve en las cimas desnudas
aferrándose al alma; aunque bajo la noche
de mi ira ella asciende hasta las rocas
de esta vida que hiere como el hielo
hiere a los pies descalzos, sube el alma
suprema sobre todas las miserias,

Aspiring, unrepressed, yet soon to fall:
Even now have I begotten a strange wonder,
That fatal child, the terror of the earth,
Who waits but till the destined hour arrive,
Bearing from Demogorgon's vacant throne
The dreadful might of ever-living limbs
Which clothed that awful spirit unbeheld,
To redescend, and trample out the spark.
Pour forth heaven's wine, Idaean Ganymede,
And let it fill the Daedal cups like fire,
And from the flower-inwoven soil divine
Ye all-triumphant harmonies arise,
As dew from earth under the twilight stars:
Drink! be the nectar circling through your veins
The soul of joy, ye ever-living Gods,
Till exultation burst in one wide voice
Like music from Elysian winds.
And thou
Ascend beside me, veiled in the light
Of the desire which makes thee one with me,
Thetis, bright image of eternity!
When thou didst cry, «Insufferable might!
God! Spare me! I sustain not the quick flames,
The penetrating presence; all my being,
Like him whom the Numidian seps did thaw
Into a dew with poison, is dissolved,
Sinking through its foundations»: even then
Two mighty spirits, mingling, made a third
Mightier than either, which, unbodied now,
Between us floats, felt, although unbeheld,

rebelde y anhelando, destinada a caer:
yo soy el padre de una crïatura
bien extraña, yo soy
el padre de ese hijo que es terror de la tierra,
soy quien espera el plazo prometido,
llevando desde el trono vacío de Demogorgon
esa temible fuerza de miembros siempre vivos
que ha envuelto a ese ser en las tinieblas,
para bajar, para apagar la chispa.
Vierte el vino del Cielo, Ganímedes de Ida,
como si fuera fuego en nuestros vasos,
y del suelo cubierto por las flores,
oh música del triunfo, elévate
como el rocío evaporado bajo
las estrellas que vemos al crepúsculo.
¡Bebed todos! Que el zumo que en las venas lleváis
sea un alma completa de alegrías,
oh Dioses inmortales, hasta que todo el gozo
sea voz exaltada como algún viento elíseo.
Y sube tú conmigo, velada por la luz
de este deseo a quien los dos servimos,
¡oh Tetis, luminoso blasón de eternidad!
Pues cuando tú clamaste: «¡Poder insoportable!
¡Piedad, mi Dios, piedad! No soporto las llamas;
tampoco la presencia penetrante;
mi entero ser está ya desplomado,
como el de aquel que con veneno oscuro
de númida[7] serpiente se convirtió en rocío».
Y entonces dos espíritus se unieron, ambos grandes,
e hicieron un tercero aun más poderoso,
el cual, desencarnado, flota ya entre nosotros
(lo sentimos y no podemos verlo)

---

[7] Referente a los pueblos de Numidia, que dominaron el norte de
África en la Antigüedad.

Waiting the incarnation, which ascends,
(Hear ye the thunder of the fiery wheels
Griding the winds?) from Demogorgon's throne.
Victory! victory! Feel'st thou not, O world,
The earthquake of his chariot thundering up
Olympus?

(The Cor of the Hour *arrives.* Demogorgon *descends, and moves towards the Throne of* Jupiter.*)*

Awful shape, what art thou? Speak!

Demogorgon

Eternity. Demand no direr name.
Descend, and follow me down the abyss.
I am thy child, as thou wert Saturn's child;
Mightier than thee: and we must dwell together
Henceforth in darkness. Lift thy lightnings not.
The tyranny of heaven none may retain,
Or reassume, or hold, succeeding thee:
Yet if thou wilt, as 'tis the destiny
Of trodden worms to writhe till they are dead,
Put forth thy might.

Jupiter

Detested prodigy!
Even thus beneath the deep Titanian prisons
I trample thee! thou lingerest?
Mercy! mercy!
No pity, no release, no respite! Oh,

con esperanza de habitar un cuerpo
y sube poco a poco.
(¿Oís vosotros ya esas ruedas en llamas
destrozando los vientos?) Y sube poco a poco
desde el trono que deja Demogorgon.
¡Victoria! ¡Es la victoria! ¿No sientes, mundo nuestro,
el terremoto de su carro en
la entrada del Olimpo?

(El carro de la HORA *llega.* DEMOGORGON *baja y
avanza hacia el Trono de* JÚPITER.)

¿Quién eres tú, figura horrible? Dime.

DEMOGORGON

Yo soy la Eternidad.
Y no pidas un nombre más osado.
Baja conmigo al fondo de esta sima,
pues hijo soy de ti, cual tú del dios Saturno;
también más poderoso que tú soy.
Habitaremos juntos la tiniebla.
No alardees con tus rayos. Porque no son eternas
ninguna tiranía ni posesión del Cielo.
Ni siquiera es posible sucediéndote a ti;
mas si así lo deseas, igual que los gusanos
agonizando tras pisarlos, puedes
y debes disponer del reino ahora.

JÚPITER

¡Engendro detestable!
¡Te he pisado hasta hundirte en esos calabozos
de los mismos Titanes! ¿Aún resistes?
¡Piedad, piedad os ruego!
¡Ni respiro ni pena ni el descanso!

[233]

That thou wouldst make mine enemy my judge,
Even where he hangs, seared by my long revenge,
On Caucasus! he would not doom me thus.
Gentle, and just, and dreadless, is he not
The monarch of the world? What then art thou?
No refuge! no appeal!
Sink with me then,
We two will sink on the wide waves of ruin,
Even as a vulture and a snake outspent
Drop, twisted in inextricable fight,
Into a shoreless sea. Let hell unlock
Its mounded oceans of tempestuous fire,
And whelm on them into the bottomless void
This desolated world, and thee, and me,
The conqueror and the conquered, and the wreck
Of that for which they combated.
Ai, Ai!
The elements obey me not. I sink
Dizzily down, ever, for ever, down.
And, like a cloud, mine enemy above
Darkens my fall with victory! Ai, Ai!

SCENE II

The Mouth of a great River in the Island Atlantis.
OCEAN *is discovered reclining near the Shore;*
APOLLO *stands beside him.*

OCEAN

He fell, thou sayest, beneath his conqueror's frown?

¡Ya veo que tú quieres
que mi juez ahora sea mi enemigo,
que me juzgue ahí en ese Cáucaso
donde cuelga sufriendo esta dulce venganza!
No me condenaría él tampoco.
Noble, justo, atrevido, ¿no es él monarca ahora
de todo el orbe? ¿Y tú qué puedes ser?
¡Ni consuelo ni abrazo! Pues húndete conmigo
a nadar en las aguas de mares de miseria,
como caen la serpiente y el buitre tan cansados,
juntos y aún luchando, hacia un mar sin orillas.
Y deja que el infierno se derrame en sus mares
ardientes, tormentosos, sí, que el infierno arrastre
al insondable abismo
a ti y a mí y al mundo desolado,
al perdedor y al victorioso y
las ruïnas por las que pelearon.
Los elementos no domino ya.
Y me hundo, confuso,
me hundo para siempre, ya me hundo.
Y cual nube, ahí arriba, mi enemigo
eclipsa con su triunfo mi derrota.
¡Ay!

ESCENA II

*Desembocadura de un gran Río en la Atlántida. Se descubre
a* Océano *tendido en la orilla. Junto a él se encuentra*
Apolo, *de pie.*

Océano

¿Es cierto que él cayó, víctima del poder
y de la ira de quien lo venció?

APOLLO

Ay, when the strife was ended which made dim
The orb I rule, and shook the solid stars,
The terrors of his eye illumined heaven
With sanguine light, through the thick ragged skirts
Of the victorious darkness, as he fell:
Like the last glare of day's red agony,
Which, from a rent among the fiery clouds,
Burns far along the tempest-wrinkled deep.

OCEAN

He sunk to the abyss? To the dark void?

APOLLO

An eagle so caught in some bursting cloud
On Caucasus, his thunder-baffled wings
Entangled in the whirlwind, and his eyes
Which gazed on the undazzling sun, now blinded
By the white lightning, while the ponderous hail
Beats on his struggling form, which sinks at length
Prone, and the aereal ice clings over it.

OCEAN

Henceforth the fields of heaven-reflecting sea
Which are my realm, will heave, unstained with blood,
Beneath the uplifting winds, like plains of corn
Swayed by the summer air; my streams will flow
Round many-peopled continents, and round

APOLO

Así es, al final de la lucha tremenda
que el planeta nubló y sacudió los astros;
terrible, sus dos ojos dieron luz a los cielos,
y era una luz sangrienta a través del vellón
rasgado de la sombra invicta, la que le
iluminaba mientras él caía:
como el último brillo de la agonía roja
del día, que se cuela
por la escisión de nubes muy candentes,
y luego arde al fondo del mar y la tormenta.

OCÉANO

¿Y él se hundió hasta el fondo, en el abismo oscuro?

APOLO

Igual que ave rapaz prisionera en el Cáucaso,
con sus alas que temen a los truenos,
esas alas que tuerce el torbellino,
con ojos que contemplan un sol no cegador,
pero ahora cegados por el blanco relámpago,
al tiempo que el granizo azota todo el cuerpo,
ese cuerpo humillado que se hunde
con látigos de hielo castigado.

OCÉANO

Desde ahora los campos tan líquidos del mar,
reflejo de los Cielos y que son ya mi reino,
se elevarán inmaculados, puros,
bajo vientos ligeros, como campos de trigo
mecidos por el aire del verano;
fluirán mis corrientes
alrededor de tierras populosas,

Fortunate isles; and from their glassy thrones
Blue Proteus and his humid nymphs shall mark
The shadow of fair ships, as mortals see
The floating bark of the light-laden moon
With that white star, its sightless pilot's crest,
Borne down the rapid sunset's ebbing sea;
Tracking their path no more by blood and groans,
And desolation, and the mingled voice
Of slavery and command; but by the light
Of wave-reflected flowers, and floating odours,
And music soft, and mild, free, gentle voices,
And sweetest music, such as spirits love.

APOLLO

And I shall gaze not on the deeds which make
My mind obscure with sorrow, as eclipse
Darkens the sphere I guide; but list, I hear
The small, clear, silver lute of the young Spirit
That sits i' the morning star.

OCEAN

Thou must away;
Thy steeds will pause at even, till when farewell:
The loud deep calls me home even now to feed it
With azure calm out of the emerald urns
Which stand for ever full beside my throne.
Behold the Nereids under the green sea,

alrededor de las felices islas;
y de sus tronos de cristal podrán
elevarse el azul Proteo y sus ninfas
y observarán la sombra de los barcos,
igual que los mortales ven la luna
como buque que pasa entre esplendores,
con esa estrella blanca, que guía al piloto ciego,
bajando por el mar, con marea de sol;
sin dejar en la senda quejidos ni dolores,
y la desolación, y las voces fundidas
del amo y del esclavo, sino con luz de flores
que son reflejo de las olas y
con perfumes flotantes y dulce melodía,
y la música suave y las voces gentiles
y la más bella música, que adoran los espíritus.

APOLO

Y no me fijaré en hechos que corrompen
mi mente oscurecida con dolor,
al igual que esta esfera que domino
la oscurece el eclipse; yo ya oigo el laúd
pequeño, claro, plateado al fin,
del Espíritu joven que se sienta
en la estrella de todas las auroras.

OCÉANO

Debes irte; y saber que tus caballos
se detendrán al fin cuando caiga la tarde;
adiós, adiós, pues me convoca el mar
para darle el Azur como alimento
de urnas de esmeralda repletas junto al trono.
Y mira bajo el mar tan verde a las Nereidas[8];

---

8 Ninfas del mar Mediterráneo.

Their wavering limbs borne on the wind-like stream,
Their white arms lifted o'er their streaming hair
With garlands pied and starry sea-flower crowns,
Hastening to grace their mighty sister's joy.

(A sound of waves is heard.)

It is the unpastured sea hungering for calm.
Peace, monster; I come now. Farewell.

APOLLO

Farewell.

SCENE III

Caucasus. PROMETHEUS, HERCULES, IONE, *the* EARTH,
SPIRITS, ASIA, *and* PANTHEA, *borne in the Car
with the* SPIRIT OF THE HOUR. HERCULES *unbinds*
PROMETHEUS, *who descends.*

HERCULES

Most glorious among Spirits, thus doth strength
To wisdom, courage, and long-suffering love,
And thee, who art the form they animate,
Minister like a slave.

PROMETHEUS

Thy gentle words
Are sweeter even than freedom long desired
And long delayed.
Asia, thou light of life,

se mecen en corrientes que son como los vientos;
sus brazos blancos sobre sus cabellos
adornados con flores y guirnaldas;
vienen a bendecir la alegría de su hermana,
su poderosa hermana.

   (Se oye el oleaje.)

He aquí el mar, el hambriento
de calma, el mar. Paz, monstruo; ahora voy.
Adiós.

APOLO

Adiós.

ESCENA III

El Cáucaso. PROMETEO, HÉRCULES, IONE, *la* TIERRA,
ESPÍRITUS, ASIA *y* PANTHEA, *todos en el carro con el*
ESPÍRITU DE LA HORA. HÉRCULES *desata y desencadena a*
PROMETEO, *que al momento baja.*

HÉRCULES

Oh tú, el más glorioso entre tantos Espíritus,
la Fuerza es una esclava del Coraje,
de la Sabiduría y del sufrido Amor,
y de ti mismo, forma que modelan.

PROMETEO

Más amo tus palabras que esta libertad
deseada tanto tiempo y aplazada otro tanto.
Asia, tú, luz de vida,

Shadow of beauty unbeheld: and ye,
Fair sister nymphs, who made long years of pain
Sweet to remember, through your love and care:
Henceforth we will not part. There is a cave,
All overgrown with trailing odorous plants,
Which curtain out the day with leaves and flowers,
And paved with veined emerald, and a fountain
Leaps in the midst with an awakening sound.
From its curved roof the mountain's frozen tears
Like snow, or silver, or long diamond spires,
Hang downward, raining forth a doubtful light:
And there is heard the ever-moving air,
Whispering without from tree to tree, and birds,
And bees; and all around are mossy seats,
And the rough walls are clothed with long soft grass;
A simple dwelling, which shall be our own;
Where we will sit and talk of time and change,
As the world ebbs and flows, ourselves unchanged.
What can hide man from mutability?
And if ye sigh, then I will smile; and thou,
Ione, shalt chant fragments of sea-music,
Until I weep, when ye shal smile away
The tears she brought, which yet were sweet to shed.
We will entangle buds and flowers and beams
Which twinkle on the fountain's brim, and make
Strange combinations out of common things,
Like human babes in their brief innocence;
And we will search, with looks and words of love,
For hidden thoughts, each lovelier than the last,
Our unexhausted spirits; and like lutes

sombra de la belleza que no vemos;
y vosotras, sus ninfas, sus hermanas,
que al haberme cuidado los años de dolor
los volvéis años dulces,
no nos separaremos ya jamás.
Hay una cueva con una cortina
de flores y de hojas, y de parras,
con su alfombra de ricas esmeraldas,
y en medio hay una fuente que suena y nos despierta.
Y de su techo curvo las lágrimas heladas
de las montañas son como la nieve,
como la plata o bien largas agujas
diamantinas, y llueve allí una luz dudosa:
allí se oye el aire siempre joven
susurrando en los árboles, y pájaros y abejas.
Hay asientos de musgo en todas partes,
las ásperas paredes están llenas de hierba,
de hierba suave y larga. He ahí nuestro hogar,
he ahí un sencillo hogar que será nuestro,
donde nos sentaremos a conversar del cambio
mientras jamás cambiamos,
mientras el mundo fluye y va rodando.
¿Y cómo proteger al hombre de los cambios?
Suspirad y sonreiré; y tú, Ione,
cantarás baladillas de la mar,
hasta hacerme llorar, pero con tu sonrisa
secarás esas lágrimas que ella me causaba.
Un ramillete haremos de flores y de rayos
que brillan en el borde de la fuente.
Y haremos alïanzas sorprendentes
a partir de las cosas cotidianas,
como hace el niño con breve inocencia;
con mirada y palabra del amor buscaremos
aquellos pensamientos que ocultamos,
cada uno más dulce que los otros,
en nuestras almas vivas y vitales;

Touched by the skill of the enamoured wind,
Weave harmonies divine, yet ever new,
From difference sweet where discord cannot be;
And hither come, sped on the charmed winds,
Which meet from all the points of heaven, as bees
From every flower aereal Enna feeds,
At their known island-homes in Himera,
The echoes of the human world, which tell
Of the low voice of love, almost unheard,
And dove-eyed pity's murmured pain, and music,
Itself the echo of the heart, and all
That tempers or improves man's life, now free;
And lovely apparitions, — dim at first,
Then radiant, as the mind, arising bright
From the embrace of beauty (whence the forms
Of which these are the phantoms) casts on them
The gathered rays which are reality —
Shall visit us, the progeny immortal
Of Painting, Sculpture, and rapt Poesy,
And arts, though unimagined, yet to be.
The wandering voices and the shadows these
Of all that man becomes, the mediators
Of that best worship love, by him and us
Given and returned; swift shapes and sounds, which grow

y como los laúdes al viento enamorado,
haremos la canción más divina y más nueva,
que será diferente sin ser tan disonante;
y han de venir hasta nosotros, en
los brazos de los vientos embrujados
que confluyen llegando desde todo el espacio,
como abejas que dejan su flor y se adelantan
desde colinas de Enna[9] y vuelven a su hogar
en las islas de Hímera[10], así han de venir
los ecos de ese mundo de los hombres,
que habla con la voz tan baja del amor
y el dolor que murmura cual piedad de paloma,
y la música, que es
eco del corazón,
y todo aquello que la vida humana
mejora y que por fin la hace libre;
las hermosas visiones, al principio muy oscuras,
que se vuelven radiantes al elevarse el alma
brillante, acompañada de Belleza
(de allí nacen las formas más hermosas
de las cuales aquí solo hay espectros)
y la Belleza lanzará sus rayos,
esos rayos que son la realidad
y nos visitará esa prole inmortal
de Pintura, Escultura y exaltada Poesía
y de artes que aún no imaginamos.
Y así serán las voces vagabundas
unidas a la imagen del culmen de ser hombre,
las mediadoras de la adoración
al gran Amor, por él y por nosotros
dado y devuelto; sí, formas, sonidos
efímeros que son los más hermosos

---

[9] Ciudad italiana en el centro de Sicilia.
[10] Ciudad costera en el norte de Sicilia.

More fair and soft as man grows wise and kind,
And, veil by veil, evil and error fall:
Such virtue has the cave and place around.

(Turning to the SPIRIT OF THE HOUR.)

For thee, fair Spirit, one toil remains, Ione,
Give her that curved shell, which Proteus old
Made Asia's nuptial boon, breathing within it
A voice to be accomplished, and which thou
Didst hide in grass under the hollow rock.

IONE

Thou most desired Hour, more loved and lovely
Than all thy sisters, this is the mystic shell;
See the pale azure fading into silver
Lining it with a soft yet glowing light:
Looks it not like lulled music sleeping there?

SPIRIT

It seems in truth the fairest shell of Ocean:
Its sound must be at once both sweet and strange.

PROMETHEUS

Go, borne over the cities of mankind
On whirlwind-footed coursers: once again
Outspeed the sun around the orbed world;
And as thy chariot cleaves the kindling air,
Thou breathe into the many-folded shell,
Loosening its mighty music; it shall be

a medida que el hombre se hace sabio y amable
y quita al fin los velos y ve el mal y el error:
este poder reside en la caverna
y en sus alrededores.

(*Girándose hacia el* ESPÍRITU DE LA HORA.)

Pero aún, bello Espíritu, te encomiendo una obra.
Entrega a Ione la concha veteada
que dio el viejo Proteo cual regalo nupcial
a Asia, con palabras de conjuro,
y que escondiste tú
en la hierba debajo de la roca.

IONE

Oh tú, la más amada, la más deseada Hora,
mejor que tus hermanas, mira la concha mística;
mira el pálido azul disolviéndose en plata
cubierta de luz suave, mas brillante;
¿no parece que tiene una música dentro?

ESPÍRITU

Verdad es que parece
la concha más hermosa del Océano;
sus murmullos serán dulces y extraños.

PROMETEO

Ve sobre las ciudades de los hombres
rápido en tus caballos que son cual torbellino
y sobrepasa al sol una vez más;
y mientras tu carroza parte el aire inflamado,
sopla entonces en tu veteada concha
y libera su música, el poder;

As thunder mingled with clear echoes: then
Return; and thou shalt dwell beside our cave.

(Kissing the ground.)

And thou, O, Mother Earth! —

THE EARTH

I hear, I feel;
Thy lips are on me, and their touch runs down
Even to the adamantine central gloom
Along these marble nerves; 'tis life, 'tis joy,
And through my withered, old, and icy frame
The warmth of an immortal youth shoots down
Circling. Henceforth the many children fair
Folded in my sustaining arms; all plants,
And creeping forms, and insects rainbow-winged,
And birds, and beasts, and fish, and human shapes,
Which drew disease and pain from my wan bosom,
Draining the poison of despair, shall take
And interchange sweet nutriment; to me
Shall they become like sister-antelopes
By one fair dam, snow-white and swift as wind,
Nursed among lilies near a brimming stream.
The dew-mists of my sunless sleep shall float
Under the stars like balm: night-folded flowers
Shall suck unwithering hues in their repose:
And men and beasts in happy dreams shall gather
Strength for the coming day, and all its joy:
And death shall be the last embrace of her
Who takes the life she gave, even as a mother
Folding her child, says, «Leave me not again».

como un trueno que arrastra claros ecos;
vuelve después y vivirás conmigo,
con nosotros, aquí junto a la cueva.

(Besa el suelo.)

¡Y Tú, oh Madre Tierra!

LA TIERRA

Te atiendo, te oigo, escucho
y en mí posas tus labios y su tacto ya baja
hasta esta tiniebla adamantina,
por las venas de mármol; esto es vida, esto es gozo...
Y mi cuerpo marchito, viejo, helado,
tiene aún un ardor de juventud.
Desde ahora los hijos más bonitos
que mis brazos sostienen (las plantas, las criaturas
que reptan, los insectos con alas de arcoíris,
los pájaros, las bestias, los peces y los hombres,
que quitaron dolor y enfermedad al pecho
mío cuando bebieron veneno de agonía),
todos tendrán y cambiarán su pan;
y para mí serán como ciervos hermanos,
blancos como la nieve, veloces como el viento,
crïados entre lilas junto a una corriente.
Mi sueño ya sin sol habrá de hacerse niebla
y el rocío será bálsamo bajo estrellas;
las flores que se cierran por la noche
habrán bebido, eternos, los matices;
y soñarán felices el animal y el hombre,
recuperando fuerzas para el día,
para todo su gozo. Y la muerte será
el abrazo final de aquella a quien retorna
la vida que ella dio, como una madre
que, abrazando a su hijo, dice: «nunca me dejes».

Oh, mother! wherefore speak the name of death?
Cease they to love, and move, and breathe, and speak,
Who die?

THE EARTH

It would avail not to reply:
Thou art immortal, and this tongue is known
But to the uncommunicating dead.
Death is the veil which those who live call life:
They sleep, and it is lifted: and meanwhile
In mild variety the seasons mild
With rainbow-skirted showers, and odorous winds,
And long blue meteors cleansing the dull night,
And the life-kindling shafts of the keen sun's
All-piercing bow, and the dew-mingled rain
Of the calm moonbeams, a soft influence mild,
Shall clothe the forests and the fields, ay, even
The crag-built deserts of the barren deep,
With ever-living leaves, and fruits, and flowers.
And thou! There is a cavern where my spirit
Was panted forth in anguish whilst thy pain
Made my heart mad, and those who did inhale it
Became mad too, and built a temple there,
And spoke, and were oracular, and lured
The erring nations round to mutual war,
And faithless faith, such as Jove kept with thee;
Which breath now rises, as amongst tall weeds
A violet's exhalation, and it fills
With a serener light and crimson air

Asia

¡Oh madre! No diré el nombre de la muerte.
Aquellos que ya han muerto,
¿han dejado de amar, de respirar, incluso
de moverse y hablar?

La Tierra

No hay respuesta a ello:
tú eres inmortal y conocen tu idioma
solamente los muertos, que permanecen mudos.
Los vivos llaman vida al velo de la muerte:
cuando duermen se alza ese velo,
con diversa apariencia las suaves estaciones,
con lluvias de arcoíris, con vientos perfumados,
con los largos y azules meteoros
purificando noches, y flechas penetrantes
del sol que todo horada, la lluvia de rocío
y los tranquilos rayos de la luna
vestirán a los bosques y a los campos
(ay, incluso a los yermos roquedales)
de la profundidad, con sus hojas perennes,
con sus frutos y flores.
¡Y tú! Hay una cueva donde mi alma
fue exhalada en angustia y, entonces, tu dolor
enfermaba mi alma y enfermaron también
todos los que pudieron aspirarla:
construyeron un templo en esa cueva,
y allí habló el oráculo y atrajo a los países
sin futuro hacia una guerra mutua,
y a alguna fe sin fe, cual la de Júpiter
hacia ti. Y mi hálito
se eleva ahora entre los altos juncos
cual soplo de violeta y colma el aire
de una luz más suave y de un aire púrpura

Intense, yet soft, the rocks and woods around;
It feeds the quick growth of the serpent vine,
And the dark linked ivy tangling wild,
And budding, blown, or odour-faded blooms
Which star the winds with points of coloured light,
As they rain through them, and bright golden globes
Of fruit, suspended in their own green heaven,
And through their veined leaves and amber stems
The flowers whose purple and translucid bowls
Stand ever mantling with aereal dew,
The drink of spirits: and it circles round,
Like the soft waving wings of noonday dreams,
Inspiring calm and happy thoughts, like mine,
Now thou art thus restored. This cave is thine.
Arise! Appear!

(A SPIRIT *rises in the likeness of a winged child.)*

This is my torch-bearer;
Who let his lamp out in old time with gazing
On eyes from which he kindled it anew
With love, which is as fire, sweet daughter mine,
For such is that within thine own. Run, wayward,
And guide this company beyond the peak
Of Bacchic Nysa, Maenad-haunted mountain,
And beyond Indus and its tribute rivers,
Trampling the torrent streams and glassy lakes
With feet unwet, unwearied, undelaying,
And up the green ravine, across the vale,
Beside the windless and crystalline pool,
Where ever lies, on unerasing waves,

alrededor de rocas y de bosques;
y así nutre mi hálito sarmientos de la viña,
y la entretejida oscura hiedra,
capullos florecidos o marchitos
vueltos estrellas por el viento de colores
cuando el viento los roza, las doradas esferas
de la fruta, que cuelga de un propio paraíso
siempre verde, y en hojas, tallos de ámbar,
transparentes corolas de las flores
permanecen cubiertas de rocío,
bebida del espíritu; y mi hálito lo abraza
todo, todo lo cerca como alas a un sueño
diurno, generando pensamientos felices,
como mi pensamiento al ver que tú regresas.
Pues tuya es esta cueva. ¡Levántate, aparece!

(Surge un ESPÍRITU *que es un niño alado.)*

He aquí, al fin, al portador de antorcha;
el que en los viejos tiempos apagaba su lámpara
mirando a unos ojos que otra vez la encendían
con amor, como el fuego, mi dulce hermana mía;
así es tu mirada. Corre y no te detengas,
lleva a estos allá, más allá de esa cima
de la Nisa de Baco, montaña de las Ménades[11],
y más allá del río Indo[12] y de sus afluentes;
pasa por los torrentes y los lagos tranquilos
siempre con los pies secos, sin cansancio ni espera,
sube el verde barranco, ve a través de ese valle,
junto al estanque en paz y transparente
donde siempre descansa sobre ondas perpetuas

[11] Nisa es una antigua ciudad de Turkmenistán. Baco o Dioniso es el
dios de la fertilidad y el vino. Las Ménades o Bacantes son las ninfas que
criaron a Dioniso y fueron después poseídas por él.
[12] Un largo río asiático que recorre el subcontinente indio.

The image of a temple, built above,
Distinct with column, arch, and architrave,
And palm-like capital, and over-wrought,
And populous with most living imagery,
Praxitelean shapes, whose marble smiles
Fill the hushed air with everlasting love.
It is deserted now, but once it bore
Thy name, Prometheus; there the emulous youths
Bore to thy honour through the divine gloom
The lamp which was thine emblem; even as those
Who bear the untransmitted torch of hope
Into the grave, across the night of life,
As thou hast borne it most triumphantly
To this far goal of Time. Depart, farewell.
Beside that temple is the destined cave.

SCENE IV

A Forest. In the Background a Cave. PROMETHEUS, ASIA,
PANTHEA, IONE, *and the* SPIRIT OF THE EARTH.

IONE

Sister, it is not earthly: how it glides
Under the leaves! how on its head there burns
A light, like a green star, whose emerald beams
Are twined with its fair hair! how, as it moves,
The splendour drops in flakes upon the grass!
Knowest thou it?

esa imagen de un templo, alzado sobre él,
con sus bellas columnas, sus arcos y arquitrabes,
capiteles corintios y exceso ornamental,
poblado por imágenes muy vivas,
figuras de Praxíteles[13], que sonríen desde el mármol
llenando el aire quieto con un eterno amor.
Ahora está vacío, pero en tiempos llevó,
Prometeo, tu nombre; jóvenes aprendices
llevaban en tu honor a través de tinieblas
divinas esa antorcha que fue tuya,
emblema de tu ser, como ahora llevan
a través de la noche de la vida
la antorcha personal de la esperanza,
igual que, victorioso, a la lejana meta
del Tiempo has traído tú la misma antorcha.
Pues vete ya, adiós.
Junto al templo se halla la cueva del destino.

ESCENA IV

En un bosque. Al fondo, una cueva. PROMETEO, ASIA,
PANTHEA, IONE *y el* ESPÍRITU DE LA TIERRA.

IONE

¡Este espíritu, hermana, no viene de la tierra!
¡Qué bien resbala bajo grandes hojas!
¡Y luce alguna luz en su cabeza
como un verde astro con rayos de esmeralda
trenzados con su tan rubia melena!
¡Y llueve su esplendor sobre la hierba,
en copos, al moverse! ¿Sabes quién es, hermana?

---

[13] Escultor griego del siglo IV a.C.

PANTHEA

It is the delicate spirit
That guides the earth through heaven. From afar
The populous constellations call that light
The loveliest of the planets; and sometimes
It floats along the spray of the salt sea,
Or makes its chariot of a foggy cloud,
Or walks through fields or cities while men sleep,
Or o'er the mountain tops, or down the rivers,
Or through the green waste wilderness, as now,
Wondering at all it sees. Before Jove reigned
It loved our sister Asia, and it came
Each leisure hour to drink the liquid light
Out of her eyes, for which it said it thirsted
As one bit by a dipsas, and with her
It made its childish confidence, and told her
All it had known or seen, for it saw much,
Yet idly reasoned what it saw; and called her —
For whence it sprung it knew not, nor do I —
Mother, dear mother.

THE SPIRIT OF THE EARTH
(*running to* ASIA).

Mother, dearest mother;
May I then talk with thee as I was wont?
May I then hide my eyes in thy soft arms,
After thy looks have made them tired of joy?
May I then play beside thee the long noons,
When work is none in the bright silent air?

Él es tan solo el delicado espíritu
que guía por el cielo a nuestra tierra.
Y las constelaciones tan pobladas
esa luz consideran como el más bello mundo.
A veces flota sobre las espumas del mar
o fabrica su carro con nubes y con brumas;
mientras duermen los hombres, recorre las ciudades
y los campos también, o sube a las montañas
o desciende a los ríos, o bien cruza
esas verdes parcelas desoladas
y se asombra de todo lo que ve.
Sí, antes de que Júpiter reinara
ya amaba a nuestra hermana, amaba a Asia,
y en sus ratos de gran contemplación
bebía la luz líquida de los ojos de Asia,
porque estaba sediento de un veneno de sierpe;
y en ella confiaba como un niño y decía
todo lo que había visto o conocido,
y es cierto que era mucho, pero no razonado;
y a ella la llamaba (sin llegar a saber
de dónde había surgido; tampoco yo lo sé)
Madre, querida madre.

ESPÍRITU DE LA TIERRA
(*Corriendo hacia* ASIA.)

Madre, querida madre,
¿podría hablar contigo como antes?
¿Podrían cubrir tus brazos tan suaves estos ojos
tras colmarlos de gozo tus miradas?
¿Podría jugar contigo en el buen mediodía
cuando no hay más que paz en el aire tranquilo?

I love thee, gentlest being, and henceforth
Can cherish thee unenvied: speak, I pray:
Thy simple talk once solaced, now delights.

Spirit of the Earth

Mother, I am grown wiser, though a child
Cannot be wise like thee, within this day;
And happier too; happier and wiser both.
Thou knowest that toads, and snakes, and loathly worms,
And venomous and malicious beasts, and boughs
That bore ill berries in the woods, were ever
An hindrance to my walks o'er the green world:
And that, among the haunts of humankind,
Hard-featured men, or with proud, angry looks,
Or cold, staid gait, or false and hollow smiles,
Or the dull sneer of self-loved ignorance,
Or other such foul masks, with which ill thoughts
Hide that fair being whom we spirits call man;
And women too, ugliest of all things evil,
(Though fair, even in a world where thou art fair,
When good and kind, free and sincere like thee),
When false or frowning made me sick at heart
To pass them, though they slept, and I unseen.
Well, my path lately lay through a great city
Into the woody hills surrounding it:
A sentinel was sleeping at the gate:

Te amo, ser maravilloso, y puedo
amarte a partir de ahora sin ser tan envidiada;
tus palabras sencillas fueron bálsamo
y ahora no conozco otro placer.

Espíritu de la Tierra

Aunque un niño no puede tener sabiduría,
en este mismo día soy más sabio;
y más feliz; sí, más feliz y sabio.
Bien sabes que los sapos, serpientes y gusanos
y las bestias malignas, venenosas,
las ramas con sus bayas tan mortales,
todo esto sí fue
la impedimenta para mis paseos
por este mundo verde;
y tú sabes también que en sus guaridas
había hombres altivos, fatuos y enfadados,
con sonrisas de hipócritas, tan falsos,
o el desdén tan gozoso de su gran ignorancia,
y otras máscaras feas con las que el pensamiento
enfermo oculta al ser maravilloso
al que llamamos hombre los espíritus.
Y también las mujeres, las arpías malignas
feas (o también bellas en la tierra
donde eres bella tú, pues la bondad,
y la sinceridad y hasta la libertad
las hacían ser bellas como tú)
y fruncían el ceño y el corazón me herían
al pasar junto a ellas, aunque estaban dormidas
y nadie parecía notar mis pasos.
No hace mucho pasé por una gran ciudad
y fui a las colinas y bosques que la cercan.
Dormía un centinela ante la puerta

When there was heard a sound, so loud, it shook
The towers amid the moonlight, yet more sweet
Than any voice but thine, sweetest of all;
A long, long sound, as it would never end:
And all the inhabitants leaped suddenly
Out of their rest, and gathered in the streets,
Looking in wonder up to Heaven, while yet
The music pealed along. I hid myself
Within a fountain in the public square,
Where I lay like the reflex of the moon
Seen in a wave under green leaves; and soon
Those ugly human shapes and visages
Of which I spoke as having wrought me pain,
Passed floating through the air, and fading still
Into the winds that scattered them; and those
From whom they passed seemed mild and lovely forms
After some foul disguise had fallen, and all
Were somewhat changed, and after brief surprise
And greetings of delighted wonder, all
Went to their sleep again: and when the dawn
Came, wouldst thou think that toads, and snakes, and efts,
Could e'er be beautiful? yet so they were,
And that with little change of shape or hue:
All things had put their evil nature off:
I cannot tell my joy, when o'er a lake
Upon a drooping bough with nightshade twined,
I saw two azure halcyons clinging downward
And thinning one bright bunch of amber berries,
With quick long beaks, and in the deep there lay
Those lovely forms imaged as in a sky;
So, with my thoughts full of these happy changes,
We meet again, the happiest change of all.

y se oyó con tal fuerza algún sonido
que sacudió las torres a la luz de la luna,
y fue la voz más dulce, excepto por la tuya,
más dulce aún: muy largo fue el sonido,
que parecía carecer de fin.
Toda la población despertó en sobresalto,
se llenaron las calles de gente que miraba
al Cielo con asombro y aún sonaba la música.
Yo me oculté en la fuente de la plaza,
y allí estuve, como reflejo de la luna
sorprendido en las ondas bajo las hojas tiernas.
Y pronto aquellos rostros tan humanos y feos,
causándome dolor como te dije,
flotaban por el aire y al fin se evaporaron
y el viento aquí y allá los esparcía;
y parecían gentes amables y muy dulces
aquellos de los cuales los rostros procedían;
había caído su disfraz horrible
y habían cambiado todos; tras la breve sorpresa
el júbilo estalló y se saludaban
y a su sueño cada uno regresó;
pues pronto amanecía (¿dirías que son bellos
salamandras y ranas y serpientes?).
He aquí que lo eran, y poco habían cambiado:
todo ya prescindía de su aspecto maligno.
Y yo fui tan feliz al notar que en un lago
desde la rama envuelta en belladona
dos halcones de azur colgados y pendiendo
limpiaban un racimo de bayas ambarinas,
con sus ávidos picos, y yacían sobre el lago
esas formas amadas igual que sobre el cielo.
Y así, con mi pensar lleno de cambios,
estos cambios felices, nos reunimos de nuevo,
y es este el mejor cambio.

ASIA

And never will we part, till thy chaste sister
Who guides the frozen and inconstant moon
Will look on thy more warm and equal light
Till her heart thaw like flakes of April snow
And love thee.

SPIRIT OF THE EARTH

What; as Asia loves Prometheus?

ASIA

Peace, wanton, thou art yet not old enough.
Think ye by gazing on each other's eyes
To multiply your lovely selves, and fill
With sphered fires the interlunar air?

SPIRIT OF THE EARTH

Nay, mother, while my sister trims her lamp
'Tis hard I should go darkling.

ASIA

Listen; look!

(The SPIRIT OF THE HOUR *enters.)*

PROMETHEUS

We feel what thou hast heard and seen: yet speak.

ASIA

No nos iremos hasta que ella, tu casta hermana,
la que guía a la luna helada e inconstante,
mire tu luz más cálida y tenaz,
hasta que el corazón se le convierta en copos
de primaveral nieve, no hasta que te ame.

ESPÍRITU DE LA TIERRA

¿Y habrá de amar como Asia a Prometeo?

ASIA

Tranquilo, niño, tú no eres bastante viejo
para comprender eso. ¿Creéis que por miraros
uno al otro a los ojos ampliaréis vuestros seres
y llenaréis el aire interlunar
con un fuego de esferas?

ESPÍRITU DE LA TIERRA

No, madre, sé que no, pero mientras mi hermana
alimente su antorcha es duro para mí
el caminar a tientas.

ASIA

¡Escucha ahora, mira!

(Entra el ESPÍRITU DE LA HORA.)

PROMETEO

Sentimos lo que has oído y visto,
pero habla tú ahora.

Soon as the sound had ceased whose thunder filled
The abysses of the sky and the wide earth,
There was a change: the impalpable thin air
And the all-circling sunlight were transformed,
As if the sense of love dissolved in them
Had folded itself round the sphered world.
My vision then grew clear, and I could see
Into the mysteries of the universe:
Dizzy as with delight I floated down,
Winnowing the lightsome air with languid plumes,
My coursers sought their birthplace in the sun,
Where they henceforth will live exempt from toil,
Pasturing flowers of vegetable fire;
And where my moonlike car will stand within
A temple, gazed upon by Phidian forms
Of thee, and Asia, and the Earth, and me,
And you fair nymphs looking the love we feel, —
In memory of the tidings it has borne, —
Beneath a dome fretted with graven flowers,
Poised on twelve columns of resplendent stone,
And open to the bright and liquid sky.
Yoked to it by an amphisbaenic snake
The likeness of those winged steeds will mock
The flight from which they find repose. Alas,

Tan pronto como se apagó el sonido
cuyo trueno llenó la tierra y cielo,
entonces cambió algo: el aire escurridizo
y aquella luz del sol que a todo llega
quedaron transformados, como si el amor
que sentían en ellos impregnado
rodeara el orbe de este mundo.
Pude ver claramente los arcanos
misterios que aún oculta el universo:
me adormeció el placer y yo floté
con mis lánguidas alas por el aire,
hacia abajo, y envuelto en una luz.
Mis caballos venían de nacer en el sol,
y allí se quedarán sin hacer más esfuerzos,
pastando algunas flores de fuego vegetal,
y en un templo estará mi carrüaje,
con su blancor de luna, admirado por formas
que Fidias[14] tallaría de buen grado:
imágenes de ti, de Asia, de la Tierra,
también de mí y de las hermosas ninfas
que miráis complacidas nuestro amor,
en memoria de todas las noticias
que el amor ha traído,
bajo la misma cúpula de flores adornada,
sobre doce columnas de piedra esplendorosa
que miran el brillante cielo líquido.
La serpiente se ha unido al carro ya,
y caballos gemelos con sus alas
emularán el vuelo del que ya descansaron.
Ay,

---

[14] Otro escultor griego (500 a.C.-431 a.C.), amigo y protegido del gran general y magistrado Pericles.

Whither has wandered now my partial tongue
When all remains untold which ye would hear?
As I have said, I floated to the earth:
It was, as it is still, the pain of bliss
To move, to breathe, to be; I wandering went
Among the haunts and dwellings of mankind,
And first was disappointed not to see
Such mighty change as I had felt within
Expressed in outward things; but soon I looked,
And behold, thrones were kingless, and men walked
One with the other even as spirits do,
None fawned, none trampled; hate, disdain, or fear,
Self-love or self-contempt, on human brows
No more inscribed, as o'er the gate of hell,
«All hope abandon ye who enter here»;
None frowned, none trembled, none with eager fear
Gazed on another's eye of cold command,
Until the subject of a tyrant's will
Became, worse fate, the abject of his own,
Which spurred him, like an outspent horse, to death.
None wrought his lips in truth-entangling lines
Which smiled the lie his tongue disdained to speak;
None, with firm sneer, trod out in his own heart
The sparks of love and hope till there remained
Those bitter ashes, a soul self-consumed,
And the wretch crept a vampire among men,
Infecting all with his own hideous ill;
None talked that common, false, cold, hollow talk
Which makes the heart deny the *yes* it breathes,

¿adónde se va ahora este idioma parcial,
ahora que tanto queda por decir y escuchar?
Como ya he dicho yo bajé flotando.
Y conocí el dolor feliz de respirar,
y moverse y ser libre. Desde entonces
he sido un vagabundo
por las bellas moradas de los hombres.
Qué desencanto fue no ver en un principio
los poderosos cambios que yo sentía en mí
reflejados entonces en las cosas de fuera;
pero pronto miré y contemplé los tronos
desiertos; no había reyes, caminaban los hombres
igual que los espíritus, y sin pisotearse
ni descender hasta la adulación;
ni odio, desdén ni miedo
ni el amor propio estaban escritos en sus frentes,
como siempre lo están al llegar al infierno:
«Dejad toda esperanza los que entráis».
Y ya no había enfado ni temor
ni nadie que con miedo mirara ojos extraños
bañados por la fría posesión,
hasta que el mismo súbdito del poder de un tirano
se convirtió en algo aún peor:
esclavo de sí mismo, y esto lo espoleaba
hasta la muerte igual que a un caballo.
Su rostro no mostraba arrugas que ocultaran
la verdad, mas reía y así esa mentira
surgía de una lengua desdeñosa del habla.
Ningún burlón causaba el extinguirse
de esas chispas de amor y de esperanza
hasta que al fin quedaban las amargas cenizas
de un apagado ser, un miserable que
fuera como un vampiro entre los hombres,
infectándolo todo con pestilencia y muerte.
Nadie hablaba de forma vulgar o fría o falsa,
la que hace al corazón retractarse del sí,

Yet question that unmeant hypocrisy
With such a self-mistrust as has no name.
And women, too, frank, beautiful, and kind
As the free heaven which rains fresh light and dew
On the wide earth, past; gentle radiant forms,
From custom's evil taint exempt and pure;
Speaking the wisdom once they could not think,
Looking emotions once they feared to feel,
And changed to all which once they dared not be,
Yet being now, made earth like heaven; nor pride,
Nor jealousy, nor envy, nor ill shame,
The bitterest of those drops of treasured gall,
Spoilt the sweet taste of the nepenthe, love.

Thrones, altars, judgement-seats, and prisons; wherein,
And beside which, by wretched men were borne
Sceptres, tiaras, swords, and chains, and tomes
Of reasoned wrong, glozed on by ignorance,
Were like those monstrous and barbaric shapes,
The ghosts of a no-more-remembered fame,
Which, from their unworn obelisks, look forth
In triumph o'er the palaces and tombs
Of those who were their conquerors: mouldering round,
These imaged to the pride of kings and priests
A dark yet mighty faith, a power as wide
As is the world it wasted, and are now
But an astonishment; even so the tools
And emblems of its last captivity,
Amid the dwellings of the peopled earth,
Stand, not o'erthrown, but unregarded now.

y pone en entredicho hipocresías
con tal desconfianza de uno mismo
que no puede nombrarse.
Y estaban las mujeres, hermosas y muy amables,
como un cielo libre del que llueve la luz
y el rocío que ha de cubrir la tierra;
formas puras, brillantes, sin mancha de rutina,
charlando con sabiduría tal
que no la imaginaban en sí mismas,
comunicando la emoción temida,
todo lo que una vez a ser no se atrevieron,
y así la tierra parecía el cielo;
sin orgullos, sin celos, sin envidia,
ni siquiera vergüenza,
las más amargas gotas de la bilis
vertían el sabor tan dulce del amor.

Los tronos, los altares, prisión, los tribunales,
donde los miserables llevaban siempre cetros,
espadas y cadenas y tïaras,
y libros de sentencias tan erróneas,
glosados por la osada ignorancia,
eran como figuras extrañas y monstruosas,
fantasmas de la fama que pasó,
las que miran desde sus obeliscos
impolutos con triunfo los castillos, las tumbas
de quienes fueron sus conquistadores:
en ruïnas ya casi eran la viva imagen,
y para la soberbia de los reyes
y de los sacerdotes, de un poder muy oscuro,
una fe y un poder tan vastos como el mundo
desolado por ello, y ahora dan solo asombro.
Incluso la herramienta y los emblemas
del último cautivo los veréis
en las casas de la poblada tierra;
permanecen intactos, aunque nadie los mira.

And those foul shapes, abhorred by god and man, —
Which, under many a name and many a form
Strange, savage, ghastly, dark and execrable,
Were Jupiter, the tyrant of the world;
And which the nations, panic-stricken, served
With blood, and hearts broken by long hope, and love
Dragged to his altars soiled and garlandless,
And slain amid men's unreclaiming tears,
Flattering the thing they feared, which fear was hate, —
Frown, mouldering fast, o'er their abandoned shrines:
The painted veil, by those who were, called life,
Which mimicked, as with colours Idly spread,
All men believed or hoped, is torn aside;
The loathsome mask has fallen, the man remains
Sceptreless, free, uncircumscribed, but man
Equal, unclassed, tribeless, and nationless,
Exempt from awe, worship, degree, the king
Over himself; just, gentle, wise: but man
Passionless? — no, yet free from guilt or pain,
Which were, for his will made or suffered them,
Nor yet exempt, though ruling them like slaves,
From chance, and death, and mutability,
The clogs of that which else might oversoar
The loftiest star of unascended heaven,
Pinnacled dim in the intense inane.

END OF THE THIRD ACT

Y esas figuras feas, que los hombres y dioses
aborrecen del todo, que bajo muchos nombres
y muchas formas ya resultan ser
extrañas y salvajes, execrables y oscuras,
eran encarnaciones del dios Júpiter,
el tirano del mundo conocido;
a quienes las naciones con pánico se humillan
con la sangre y las almas hundidas por la espera
en vano, y el amor
llevado a los altares sucios y sin adornos,
ejecutado en medio de las lágrimas
de los hombres, y vuelto el miedo odio,
se deshacían las formas en los templos desiertos:
ese velo pintado de la vida,
que con muchos colores presentaba
todo lo que los hombres creyeron y hasta amaron,
ese velo se ha roto; cayó la horrible máscara,
pero nos queda el hombre.
Sin cetro y libre, el hombre.
Sin clases y sin tribus y un apátrida,
a quien no hay que temer ni que adorar,
rey de sí mismo: el hombre.
¿Un hombre sin pasión? No, pero libre
del dolor y la culpa que tanto había sufrido,
tratado como esclavo, sometido,
y no exento de cambio o muerte, impedimentas
que evitan el alzar alto su vuelo,
más alto que la estrella más alta de los cielos,
fija siempre en lo oscuro y el intenso vacío.

FIN DEL TERCER ACTO

ACT IV

SCENE. — *A Part of the Forest near the Cave of* PROMETHEUS. PANTHEA *and* IONE *are sleeping: they awaken gradually during the first Song.*

VOICE OF UNSEEN SPIRITS

The pale stars are gone!
For the sun, their swift shepherd,
To their folds them compelling,
In the depths of the dawn,
Hastes, in meteor-eclipsing array, and they flee
Beyond his blue dwelling,
As fawns flee the leopard.
But where are ye?

(A Train of dark Forms and Shadows passes by confusedly, singing.)

Here, oh, here:
We bear the bier
Of the Father of many a cancelled year!
Spectres we
Of the dead Hours be,
We bear Time to his tomb in eternity.

ACTO IV

ESCENA. *En un lugar del bosque cerca de la cueva de* Prometeo. Ione *y* Panthea *duermen: se despiertan poco a poco con la primera Canción.*

Voz de los Espíritus Invisibles

¡Se esfumaron las pálidas estrellas!
Pues el sol, que es pastor tan ingenioso,
las reclama a volver a su redil:
allá en lo profundo de la aurora
viene el sol con su lujo y eclipsa al meteoro,
y vuelan ellas lejos de esa morada azul
igual que huyen los ciervos del leopardo.
¿Y dónde estáis vosotros?

(Pasa un cortejo de oscuras Formas y Sombras confusas, cantando.)

¡Aquí estamos, aquí!
El ataúd llevamos
del Padre de los años malgastados.
Y somos los Fantasmas
de aquellas Horas muertas.
Llevamos a su tumba (la eternidad) al Tiempo.

Strew, oh, strew
Hair, not yew!
Wet the dusty pall with tears, not dew!
Be the faded flowers
Of Death's bare bowers
Spread on the corpse of the King of Hours!

Haste, oh, haste!
As shades are chased,
Trembling, by day, from heaven's blue waste.
We melt away,
Like dissolving spray,
From the children of a diviner day,
With the lullaby
Of winds that die
On the bosom of their own harmony!

IONE

What dark forms were they?

PANTHEA

The past Hours weak and gray,
With the spoil which their toil
Raked together
From the conquest but One could foil,

IONE

Have they passed?

PANTHEA

They have passed;

¡Soltad vuestra melena
y no tronchéis el tejo!
¡Y mojad ese paño mortuorio ya con lágrimas,
jamás con el rocío!
¡Y las flores marchitas
de las desnudas ramas de la Muerte
cubran este cadáver del Rey de nuestras Horas!

¡Deprisa, ya, deprisa!
Como proscritas sombras,
estremecidas por el azul de su cielo,
así nos borraremos,
como espuma disuelta,
ante los herederos de un día más divino,
y con la nana siempre
de los vientos que mueren
en el regazo de toda armonía!

IONE

¿Qué tenebrosos seres eran esos?

PANTHEA

Eran las Horas del pasado, débiles
y grises, que se llevan el botín
cuyo esfuerzo costó una conquista
que solo Uno hizo fracasar.

IONE

¿Se han marchado ya?

PANTHEA

Ya se han ido,

They outspeeded the blast,
While 'tis said, they are fled:

Whither, oh, whither?

To the dark, to the past, to the dead.

Bright clouds float in heaven,
Dew-stars gleam on earth,
Waves assemble on ocean,
They are gathered and driven
By the storm of delight, by the panic of glee!
They shake with emotion,
They dance in their mirth.
But where are ye?

The pine boughs are singing
Old songs with new gladness,
The billows and fountains
Fresh music are flinging,
Like the notes of a spirit from land and from sea;
The storms mock the mountains
With the thunder of gladness.
But where are ye?

What charioteers are these?

más veloces que el viento cuando sopla.
Mientras te estoy hablando ya se han ido.

IONE

¿Adónde, ay, adónde?

PANTHEA

A lo oscuro, al pasado y a la muerte.

VOZ DE LOS ESPÍRITUS INVISIBLES

En el cielo hay ya nubes que brillan,
sobre la tierra lucen estrellas de rocío,
las olas se reúnen en el mar.
¡La tormenta más dulce y el más alegre pánico
las unen y conducen a las olas!
Se agitan de emoción,
bailan de pura dicha.
¿Y dónde estáis vosotros?

Cantando están las ramas de los pinos
canciones viejas de nueva alegría,
y las olas y fuentes ya reparten
fresca música, como las notas de un espíritu
del mar y de la tierra,
la tempestad se burla de montañas
con el trueno de toda la alegría.
¿Y dónde estáis vosotros?

IONE

¿Y qué aurigas son estos que llegan?

Where are their chariots?

SEMICHORUS OF HOURS

The voice of the Spirits of Air and of Earth
Have drawn back the figured curtain of sleep
Which covered our being and darkened our birth
In the deep.

A VOICE

In the deep?

SEMICHORUS II

Oh, below the deep.

SEMICHORUS I

An hundred ages we had been kept
Cradled in visions of hate and care,
And each one who waked as his brother slept,
Found the truth —

SEMICHORUS II

Worse than his visions were!

SEMICHORUS I

We have heard the lute of Hope in sleep;
We have known the voice of Love in dreams;
We have felt the wand of Power, and leap —

PANTHEA

¿Dónde están sus carrozas?

SEMICORO DE HORAS

La voz de los Espíritus del Aire y de la Tierra
descorrió la cortina pintada de los sueños
que cubrió nuestro ser y oscureció el origen
allá en lo profundo.

UNA VOZ

¿En lo profundo?

SEMICORO II

Todavía más profundo.

SEMICORO I

Durante muchos siglos
en visiones de odio y de cuidados
nos habían acunado, y aquel que despertaba
mientras dormía su hermano hallaba la verdad.

SEMICORO II

¡Peor de lo que eran sus visiones!

SEMICORO I

En sueños escuchábamos laúdes de Esperanza;
en sueños sí supimos oír la voz del Amor;
y nos rozó la vara del Poder
y saltamos de pronto.

Semichorus II

As the billows leap in the morning beams!

Chorus

Weave the dance on the floor of the breeze,
Pierce with song heaven's silent light,
Enchant the day that too swiftly flees,
To check Its flight ere the cave of Night.

Once the hungry Hours were hounds
Which chased the day like a bleeding deer,
And It limped and stumbled with many wounds
Through the nightly dells of the desert year.

But now, oh weave the mystic measure
Of music, and dance, and shapes of light,
Let the Hours, and the spirits of might and pleasure,
Like the clouds and sunbeams, unite.

A Voice

Unite!

Panthea

See, where the Spirits of the human mind
Wrapped In sweet sounds, as In bright veils, approach.

Semicoro II

¡Igual que olas saltando con los rayos
de una nueva mañana!

Coro

Entretejed el baile en el suelo del viento,
perforad con canciones esa luz
que no habla en el cielo,
encantad este día que tan rápido pasa
y haced que se detenga antes de entrar
en esa gruta sola de la Noche.

Estas Horas hambrientas una vez fueron perros
y perseguían al día como a un ciervo sangrante,
cuyas heridas le hacían derrumbarse
por la oscura pradera del año desolado.

Entretejed ahora esa música mística
y el baile con las formas de la luz;
que todos los espíritus del poder y la dicha
se unan junto a las Horas como nubes y rayos.

Una Voz

¡Que se unan!

Panthea

Mira cómo se acercan los Espíritus,
el alma de los hombres, envueltos en sonidos
como velos brillantes.

Chorus of Spirits

We join the throng
Of the dance and the song,
By the whirlwind of gladness borne along;
As the flying-fish leap
From the Indian deep,
And mix with the sea-birds, half asleep.

Chorus of Hours

Whence come ye, so wild and so fleet,
For sandals of lightning are on your feet,
And your wings are soft and swift as thought,
And your eyes are as love which is veiled not?

Chorus of Spirits

We come from the mind
Of human kind
Which was late so dusk, and obscene, and blind,
Now 'tis an ocean
Of clear emotion,
A heaven of serene and mighty motion

From that deep abyss
Of wonder and bliss,
Whose caverns are crystal palaces;
From those skiey towers
Where Thought's crowned powers
Sit watching your dance, ye happy Hours!

From the dim recesses
Of woven caresses,

Coro de Espíritus

Nos unimos y somos multitud,
cantamos y bailamos,
nos lleva el torbellino de alegría;
como el pez volador
del océano de India
que salta y se reúne con las aves marinas
que van casi dormidas.

Coro de Horas

¿De dónde habéis venido, tan salvajes y libres,
con sandalias del rayo que calzan vuestros pies,
con las alas tan suaves, raudas como el pensar,
y los ojos que son un amor no velado?

Coro de Espíritus

Venimos de la esencia
de la humanidad,
que antes era oscura, era obscena, era ciega,
y ahora es un océano
de emociones muy claras,
un cielo que se mueve poderoso y sereno.

Venimos del abismo
del prodigio y de la felicidad,
que tienen por palacios de cristal sus cavernas.
Desde torres muy altas,
¡de donde los poderes coronados
del Pensamiento ven cómo bailáis
vosotras, que sois las Horas felices!

De las oscuras cámaras
de caricias tejidas;

Where lovers catch ye by your loose tresses
From the azure isles,
Where sweet Wisdom smiles,
Delaying your ships with her siren wiles.

From the temples high
Of Man's ear and eye,
Roofed over Sculpture and Poesy;
From the murmurings
Of the unsealed springs
Where Science bedews her Daedal wings.

Years after years,
Through blood, and tears,
And a thick hell of hatreds, and hopes, and fears;
We waded and flew,
And the islets were few
Where the bud-blighted flowers of happiness grew.

Our feet now, every palm,
Are sandalled with calm,
And the dew of our wings is a rain of balm;
And, beyond our eyes,
The human love lies
Which makes all it gazes on Paradise.

CHORUS OF SPIRITS AND HOURS

Then weave the web of the mystic measure;
From the depths of the sky and the ends of the earth,
Come, swift Spirits of might and of pleasure,
Fill the dance and the music of mirth,
As the waves of a thousand streams rush by
To an ocean of splendour and harmony!

los amantes allí tiran de vuestras trenzas.
De las islas azules
donde sonríe la Sabiduría,
como una sirena que atrae a vuestro barco.

Desde los templos altos
de los ojos y oídos de los hombres,
que son el techo de Escultura y Poesía;
venimos del murmullo
de fuentes no cegadas
donde la Ciencia se engalana con
las alas de algún Dédalo.

Y así, año tras año,
por la sangre y las lágrimas
y en el infierno de odios, esperanzas y lágrimas;
volamos y pasamos
y había pocas islas
donde crecieran las felices flores.

Y ahora van calzados
de calma nuestros pies,
y el rocío que cae de nuestras alas
es bálsamo lluvioso;
y más allá de nuestros ojos, sí,
yace el amor humano
que con cada visión levanta un Paraíso.

CORO DE ESPÍRITUS Y DE HORAS

¡Tejed la red de vuestro compás místico;
desde el cielo profundo a la tierra remota
venid, raudos Espíritus del poder y el placer,
y bailad esa danza de música gozosa
como las olas que unos mil arroyos
conducen hasta el mar armonioso y brillante!

[285]

CHORUS OF SPIRITS

Our spoil is won,
Our task is done,
We are free to dive, or soar, or run;
Beyond and around,
Or within the bound
Which clips the world with darkness round.

We'll pass the eyes
Of the starry skies
Into the hoar deep to colonize:
Death, Chaos, and Night,
From the sound of our flight,
Shall flee, like mist from a tempest's might.

And Earth, Air, and Light,
And the Spirit of Might,
Which drives round the stars in their fiery flight;
And Love, Thought, and Breath,
The powers that quell Death,
Wherever we soar shall assemble beneath.

And our singing shall build
In the void's loose field
A world for the Spirit of Wisdom to wield;
We will take our plan
From the new world of man,
And our work shall be called the Promethean.

CHORUS OF HOURS

Break the dance, and scatter the song;
Let some depart, and some remain.

Coro de Espíritus

Ya ganada la riqueza,
ya cumplida la labor,
somos libres de hundirnos, elevarnos, correr
más allá y en torno a todo
o dentro de los límites
que cercan este mundo con tanta oscuridad.

Atrás ya dejaremos esos ojos
que son tantas estrellas en el cielo nocturno,
fundaremos colonias en la escarcha
cada vez más profunda;
Y Muerte, Caos y Noche
huirán cuando ya suene nuestro vuelo,
como la niebla escapa a la galerna.

Y Tierra, Aire y Luz
y el Espíritu de todo el Poder,
que arrastra las estrellas en su vuelo;
Y Amor, Respiración y Pensamiento,
poderes que combaten toda muerte,
allí donde volamos habrán de congregarse.

Espíritu de la Sabiduría,
tendrás un mundo solo para ti,
dispuesto en ese reino del vacío
que elevan nuestros cantos.
Y habrá un nuevo orden
en el mundo que al fin gobierna el hombre,
y se conocerá nuestro trabajo
como obra prometeica.

Coro de Horas

Dejad ya de bailar y de cantar;
que unos ya se vayan y que se queden otros.

Semichorus I

We, beyond heaven, are driven along:

Semichorus II

Us the enchantments of earth retain:

Semichorus I

Ceaseless, and rapid, and fierce, and free,
With the Spirits which build a new earth and sea,
And a heaven where yet heaven could never be.

Semichorus II

Solemn, and slow, and serene, and bright,
Leading the Day and outspeedlng the Night,
With the powers of a world of perfect light.

Semichorus I

We whirl, singing loud, round the gathering sphere,
Till the trees, and the beasts, and the clouds appear
From its chaos made calm by love, not fear.

Semichorus II

We encircle the ocean and mountains of earth,
And the happy forms of its death and birth
Change to the music of our sweet mirth.

Chorus of Hours and Spirits

Break the dance, and scatter the song,
Let some depart, and some remain,

Semicoro I

Ya somos conducidos más allá de los Cielos.

Semicoro II

Hechizos de la tierra aún nos frenan.

Semicoro I

Sin cesar y muy rápidos, osados y muy libres,
con Espíritus creando de nuevo tierra y mar
y un paraíso donde no hubo paraíso.

Semicoro II

Lentamente y solemne, y brillante y sereno,
guiando al Día y más allá de toda Noche,
con poderes de un mundo cuya luz es perfecta.

Semicoro I

Rodeamos cantando toda esfera,
hasta que nacen árboles, animales y nubes
de su caos ya tranquilo por amor, no por miedo.

Semicoro II

Abarcamos océanos, montañas,
y las formas alegres de su muerte y su cuna
van cambiando en la música de la felicidad.

Coro de Horas y Espíritus

Dejad ya de bailar y de cantar;
que unos ya se vayan y que se queden otros;

Wherever we fly we lead along
In leashes, like starbeams, soft yet strong,
The clouds that are heavy with love's sweet rain.

PANTHEA

Ha! they are gone!

IONE

Yet feel you no delight
From the past sweetness?

PANTHEA

As the bare green hill
When some soft cloud vanishes into rain,
Laughs with a thousand drops of sunny water
To the unpavilioned sky!

IONE

Even whilst we speak
New notes arise. What Is that awful sound?

PANTHEA

'Tis the deep music of the rolling world
Kindling within the strings of the waved air
Aeolian modulations.

IONE

Listen too,
How every pause Is filled with under-notes,
Clear, silver, icy, keen, awakening tones,

nuestro vuelo acompaña como rayos de estrellas
a las nubes que llevan la lluvia del amor.

PANTHEA

¡Ay, se han marchado!

IONE

Aun así, ¿no sientes el deleite
de una epifanía?

PANTHEA

¡Igual que una colina cubierta de verdor,
cuando la suave nube en lluvia se deshace,
se ríe con mil gotas de agua soleada
ante el cielo desnudo!

IONE

Ahora estamos hablando y surgen nuevas notas.
¿Qué es ese horrible son?

PANTHEA

Eso es la honda música del mundo cuando gira,
que causa con las cuerdas del aire entretejido
los sonidos de Eolo[15].

IONE

Pero escucha:
cada pausa se llena con las notas más graves,
claras y plateadas, heladas y animosas,

---

[15] Dios del viento.

Which pierce the sense, and live within the soul,
As the sharp stars pierce winter's crystal air
And gaze upon themselves within the sea.

PANTHEA

But see where through two openings in the forest
Which hanging branches overcanopy,
And where two runnels of a rivulet,
Between the close moss violet-inwoven,
Have made their path of melody, like sisters
Who part with sighs that they may meet in smiles,
Turning their dear disunion to an Isle
Of lovely grief, a wood of sweet sad thoughts;
Two visions of strange radiance float upon
The ocean-like enchantment of strong sound,
Which flows intenser, keener, deeper yet
Under the ground and through the windless air.

IONE

I see a chariot like that thinnest boat,
In which the Mother of the Months is borne
By ebbing light into her western cave,
When she upsprings from interlunar dreams;
O'er which is curved an orblike canopy
Of gentle darkness, and the hills and woods,
Distinctly seen through that dusk aery veil,
Regard like shapes in an enchanter's glass;
Its wheels are solid clouds, azure and gold,

que el sentido atraviesan, y viven en el alma
cual las duras estrellas perforaron
el aire cristalino del invierno
y en el espejo de la mar se miran.

PANTHEA

Y mira:
hay dos claros del bosque con cúpula de ramas,
y dos arroyos fluyen desde la misma fuente,
entre el musgo vestido de violetas
han creado un camino musical,
igual que con suspiros se despiden hermanas
y esperan reünirse ambas riendo,
y quedan solas como en una soledad
de dolor muy amado,
bosque de pensamientos que son dulces y tristes;
así son dos visiones irradiando y flotando
con encanto oceánico y con fuerte sonido,
sonido que va siendo más intenso y profundo
bajo la tierra y a través del aire
que ya quedó calmado.

IONE

Un carro veo como esa barquita,
donde viaja la Madre de los Meses
con reflujo de luz
en esa su caverna occidental;
de sus sueños lunares se alza ella.
Un dosel lleva el carro de oscuridad gentil,
y los montes y bosques, que se ven claramente
por el aéreo velo del crepúsculo,
parecen unas formas reflejadas;
en espejo de un mago; y sus ruedas son nubes,
nubes de oro y azul, como las que amontonan

Such as the genii of the thunderstorm
Pile on the floor of the illumined sea
When the sun rushes under it; they roll
And move and grow as with an inward wind;
Within it sits a winged infant, white
Its countenance, like the whiteness of bright snow,
Its plumes are as feathers of sunny frost,
Its limbs gleam white, through the wind-flowing folds
Of its white robe, woof of ethereal pearl.
Its hair is white, the brightness of white light
Scattered in strings; yet its two eyes are heavens
Of liquid darkness, which the Deity
Within seems pouring, as a storm is poured
From jagged clouds, out of their arrowy lashes,
Tempering the cold and radiant air around,
With fire that is not brightness; in its hand
It sways a quivering moonbeam, from whose point
A guiding power directs the chariot's prow
Over its wheeled clouds, which as they roll
Over the grass, and flowers, and waves, wake sounds,
Sweet as a singing rain of silver dew.

PANTHEA

And from the other opening in the wood
Rushes, with loud and whirlwind harmony,
A sphere, which is as many thousand spheres,
Solid as crystal, yet through all its mass
Flow, as through empty space, music and light:
Ten thousand orbs involving and involved,
Purple and azure, white, and green, and golden,
Sphere within sphere; and every space between
Peopled with unimaginable shapes,
Such as ghosts dream dwell in the lampless deep,

los duendes del tronar y la tormenta
sobre el suelo del mar iluminado
cuando allí se hunde el sol; ruedan, crecen, se mueven
como impulsadas por un viento interno.
Viaja en el carro un niño con alas y muy blanco,
tan blanco como la mayor blancura,
cuyas alas son plumas hechas de escarcha y sol,
todo su cuerpo es blanco y su túnica es blanca,
tejida con las perlas de alto éter.
Su pelo es blanco, con el brillo de luz blanca
esparcido en sus rizos; pero sus ojos son
paraísos de suave oscuridad
y derraman al Dios que en ellos vive
igual que rotas nubes derraman la tormenta,
y lo hacen con sus afiladas pestañas,
templando el aire frío y tan radiante
con un fuego que no es del todo luz;
se estremece en su mano un rayo de la luna,
cuya punta dirige la proa de ese carro
sobre sus ruedas de nubes rodantes
que despiertan, rodando, ese murmullo
dulce como una lluvia de plata que cantara
sobre la hierba y flores y también sobre el mar.

PANTHEA

Y de la otra entrada al mismo bosque
viene con melodía de torbellino
una esfera compuesta por otras mil esferas,
como de cristal sólido, aunque su entera masa
hace fluir luz y música como en vacío espacio:
diez mil orbes cruzándose y fundiéndose,
azules, verdes, blancos, dorados y purpúreos,
esfera con esfera; y el espacio intermedio
habitado por formas no posibles
de imaginar, como esas que sueñan los fantasmas

Yet each inter-transpicuous, and they whirl
Over each other with a thousand motions,
Upon a thousand sightless axles spinning,
And with the force of self-destroying swiftness,
Intensely, slowly, solemnly roll on,
Kindling with mingled sounds, and many tones,
Intelligible words and music wild.
With mighty whirl the multitudinous orb
Grinds the bright brook into an azure mist
Of elemental subtlety, like light;
And the wild odour of the forest flowers,
The music of the living grass and air,
The emerald light of leaf-entangled beams
Round its intense yet self-conflicting speed,
Seem kneaded into one aereal mass
Which drowns the sense. Within the orb itself,
Pillowed upon its alabaster arms,
Like to a child o'erwearied with sweet toil,
On its own folded wings, and wavy hair,
The Spirit of the Earth is laid asleep,
And you can see its little lips are moving,
Amid the changing light of their own smiles,
Like one who talks of what he loves in dream.

IONE

'Tis only mocking the orb's harmony.

PANTHEA

And from a star upon its forehead, shoot,
Like swords of azure fire, or golden spears
With tyrant-quelling myrtle overtwined,

y habitan en las simas sin la luz,
esferas transparentes, muchos orbes
que giran unos sobre otros con
movimientos muy varios, sobre invisibles ejes,
con autodestructivo poder rápido,
intensa y lentamente, rodando muy solemnes,
causando con sonidos y tonos que se mezclan
discurso incomprensible y música salvaje.
Un orbe inabarcable como un torbellino
muele el arroyo y crea niebla azul
de elementos discretos, como luz;
y el perfume de las flores silvestres,
la música del aire y de la hierba,
esa luz esmeralda enredada en los setos
alrededor de la velocidad
que se opone a sí misma,
todo parece una masa aérea
cegando los sentidos. Y dentro de ese orbe,
como el niño cansado de jugar,
dormido entre sus brazos de alabastro,
así duerme con sus alas plegadas
y el cabello rizado, duerme así
el Alma de la Tierra y podemos oír
lo que susurran sus labios callados,
como la luz que cambia entre sonrisas suyas,
como el que en sueños habla de su amor.

IONE

Él solamente imita la armonía del orbe.

PANTHEA

Y de la estrella de su frente vienen
como lanzas doradas o espadas de azul fuego
cubiertas por el mirto que lucha contra déspotas,

Embleming heaven and earth united now,
Vast beams like spokes of some invisible wheel
Which whirl as the orb whirls, swifter than thought,
Filling the abyss with sun-like lightenings,
And perpendicular now, and now transverse,
Pierce the dark soil, and as they pierce and pass,
Make bare the secrets of the earth's deep heart;
Infinite mines of adamant and gold,
Valueless stones, and unimagined gems,
And caverns on crystalline columns poised
With vegetable silver overspread;
Wells of unfathomed fire, and water springs
Whence the great sea, even as a child is fed,
Whose vapours clothe earth's monarch mountain-tops
With kingly, ermine snow. The beams flash on
And make appear the melancholy ruins
Of cancelled cycles; anchors, beaks of ships;
Planks turned to marble; quivers, helms, and spears,
And gorgon-headed targes, and the wheels
Of scythed chariots, and the emblazonry
Of trophies, standards, and armorial beasts,
Round which death laughed, sepulchred emblems
Of dead destruction, ruin within ruin!
The wrecks beside of many a city vast,
Whose population which the earth grew over
Was mortal, but not human; see, they lie,
Their monstrous works, and uncouth skeletons,
Their statues, homes and fanes; prodigious shapes
Huddled in gray annihilation, split,
Jammed in the hard, black deep; and over these,
The anatomies of unknown winged things,
And fishes which were isles of living scale,
And serpents, bony chains, twisted around

emblema de la Tierra unida con el Cielo,
vastos rayos cual radios de una rueda invisible
que giran como el orbe, veloces cual ideas
y llenando el abismo con fulgores de sol,
de forma oblicua y perpendicular,
perforan el oscuro suelo y pasan
contando los secretos de las profundidades,
del hondo corazón de nuestra Tierra;
oh minas infinitas de diamantes y oro,
oh gemas de valor incalculable
y cuevas de columnas de cristal
cubiertas de un verdor hecho de plata;
pozos de fuego con fuentes de agua
que alimentan al mar igual que a un niño,
cuyos vapores visten las cimas de la tierra
con armiño de nieve. Los rayos aún siguen
llegando y alumbrando melancólicas ruinas
de siglos olvidados, y las anclas y proas;
tablones hechos mármol; yelmos, lanzas y aljabas,
escudos con cabeza de gorgona,
guadañas en las ruedas de los carros,
blasones y trofeos, estandartes,
y la Muerte se ríe de todo ello,
¡emblemas sepulcrales de muerta destrucción,
y de ruïnas dentro de ruïnas!
Y el colosal fracaso de ciudades
cuyos muertos tan solo eran mortales,
pero jamás humanos; mira, pues allí yacen
sus obras tan monstruosas y esqueletos comunes,
sus estatuas, sus casas y sus templos;
las formas prodigiosas hacinadas
en la aniquilación, rotas y dentro
del duro abismo negro; y sobre estas,
esqueletos de seres alados e ignorados,
y peces que eran islas con escamas,
y serpientes gigantes, anudadas

The iron crags, or within heaps of dust
To which the tortuous strength of their last pangs
Had crushed the iron crags; and over these
The jagged alligator, and the might
Of earth-convulsing behemoth, which once
Were monarch beasts, and on the slimy shores,
And weed-overgrown continents of earth,
Increased and multiplied like summer worms
On an abandoned corpse, till the blue globe
Wrapped deluge round it like a cloak, and they
Yelled, gasped, and were abolished; or some God
Whose throne was in a comet, passed, and cried,
«Be not!». And like my words they were no more.

The Earth

The joy, the triumph, the delight, the madness!
The boundless, overflowing, bursting gladness,
The vaporous exultation not to be confined!
Ha! ha! the animation of delight
Which wraps me, like an atmosphere of light,
And bears me as a cloud is borne by its own wind.

The Moon

Brother mine, calm wanderer,
Happy globe of land and air,
Some Spirit is darted like a beam from thee,
Which penetrates my frozen frame,
And passes with the warmth of flame,
With love, and odour, and deep melody
Through me, through me!

a las rocas de hierro, o en un montón de polvo
reducidas las rocas por las sierpes;
y sobre estas veis
al cocodrilo de grandes mandíbulas,
y la bestia que agita el interior
de la tierra, pues en tiempos pasados
tales eran las bestias que reinaban
y se reproducían sobre el musgo,
gusanos veraniegos que comen del cadáver,
hasta que el globo azul
se envolvió con su capa de diluvio,
quedando tales bestias abolidas;
o un Dios que tuvo trono en un cometa
pasaba y dijo así: «¡Ya no seáis más!».
Y como mis palabras acabó su existencia.

La Tierra

¡La alegría y el triunfo, el placer, la demencia!
¡La alegría infinita y desbordante,
la exaltación, vapor que se difunde alado!
¡Ja, ja!
¡Esta euforia de la alegría que
me envuelve como atmósfera de luz
y me arrebata igual que alguna nube
que va con viento propio!

La Luna

¡Vagabundo tranquilo, hermano mío,
globo feliz del aire y de la tierra,
como un rayo nos llega ya un Espíritu,
que atraviesa mi cuerpo congelado,
y con fiebre de llama va pasando,
con amor y perfume, y honda melodía,
ay, a través, ay, a través de mí!

The Earth

Ha! ha! the caverns of my hollow mountains,
My cloven fire-crags, sound-exulting fountains
Laugh with a vast and inextinguishable laughter.
The oceans, and the deserts, and the abysses,
And the deep air's unmeasured wildernesses,
Answer from all their clouds and billows, echoing after.

They cry aloud as I do. Sceptred curse,
Who all our green and azure universe
Threatenedst to muffle round with black destruction, sending
A solid cloud to rain hot thunderstones,
And splinter and knead down my children's bones,
All I bring forth, to one void mass battering and blending, —

Until each crag-like tower, and storied column,
Palace, and obelisk, and temple solemn,
My imperial mountains crowned with cloud, and snow,
                                              [and fire;
My sea-like forests, every blade and blossom
Which finds a grave or cradle in my bosom,
Were stamped by thy strong hate into a lifeless mire:

How art thou sunk, withdrawn, covered, drunk up
By thirsty nothing, as the brackish cup
Drained by a desert-troop, a little drop for all;
And from beneath, around, within, above,
Filling thy void annihilation, love
Burst in like light on caves cloven by the thunder-ball.

¡Ja, ja!
Tienen cavernas mis montañas huecas,
mis riscos llameantes, y mis fuentes
ya forman nuestra eterna algarabía.
Los abismos, océanos, desiertos,
la no medida soledad del aire
desde nubes y olas se hacen eco.
Tan alto como yo, tan alto gritan.

Oh maldición que eres soberana,
todo este verdor y azur del universo
pretendías ahogar en negra destrucción
con una nube sólida que traía tormentas
de caliente granizo, tormentas que partieron
y moldearon huesos de mis hijos,
todo lo que yo crío, hacia el vacío en masa
que lucha y que se mezcla,

hasta que torres fuertes como piedra,
historiadas columnas, obeliscos, palacios
y los templos solemnes e imperiales montañas
coronadas de nubes, de llamas y de hielo,
mis bosques como mares, cada brizna de hierba
que en mi seno se encuentra con su cuna o su tumba,
todo esto tu odio lo redujo
a una ciénaga muerta:

Oh, la nada sedienta te ha hundido y te ha bebido,
igual que en el desierto se bebe agua salobre,
solo una gota para cada uno,
y así arriba y abajo, alrededor y dentro,
llenando ese vacío de tu nada,
el amor estalló como luz en las cuevas
cuando estas se humillan ante el rayo.

The Moon

The snow upon my lifeless mountains
Is loosened into living fountains,
My solid oceans flow, and sing, and shine:
A spirit from my heart bursts forth,
It clothes with unexpected birth
My cold bare bosom: Oh! it must be thine
On mine, on mine!

Gazing on thee I feel, I know
Green stalks burst forth, and bright flowers grow,
And living shapes upon my bosom move:
Music is in the sea and air,
Winged clouds soar here and there,
Dark with the rain new buds are dreaming of:
'Tis love, all love!

The Earth

It interpenetrates my granite mass,
Through tangled roots and trodden clay doth pass
Into the utmost leaves and delicatest flowers;
Upon the winds, among the clouds 'tis spread,
It wakes a life in the forgotten dead,
They breathe a spirit up from their obscurest bowers.

And like a storm bursting its cloudy prison
With thunder, and with whirlwind, has arisen
Out of the lampless caves of unimagined being:
With earthquake shock and swiftness making shiver

La Luna

La nieve en mis montañas que agonizan
se ha derretido en gráciles fontanas,
y mis mares tan sólidos fluyen, cantan y brillan:
de mi pecho ha nacido ahora un Espíritu;
cubre con su venida milagrosa
mi pecho frío y desnudo; ¡seguro que es el tuyo
que reposa en el mío, aquí en el mío!

Al mirarte yo siento y sé que se alzan
tallos verdes y flores encendidas,
y pasean por mi pecho formas vivas:
en el aire y el mar está la música,
y las nubes aladas lo han cubierto ya todo,
oscuras y con lluvia para el sueño
de las flores. ¡Esto es
amor, esto es amor!

La Tierra

El amor penetró mi masa de granito,
pasó por las raíces enlazadas
y por la arcilla en que dejó su huella,
y entra al fondo de hojas y en las flores felices;
cubre todas las nubes, avanza sobre el viento,
y es recuerdo de vida
para todos los muertos que olvidaron,
muertos que exhalan espíritu
desde el reino de las sombras.

Como la tempestad, que rompe su prisión
de nubes con el trueno y vendaval,
se ha alzado de cavernas tan oscuras
que no es posible imaginar su ser;
como un terremoto, consigue hacer temblar

Thought's stagnant chaos, unremoved for ever,
Till hate, and fear, and pain, light-vanquished shadows, fleeing,

Leave Man, who was a many-sided mirror,
Which could distort to many a shape of error,
This true fair world of things, a sea reflecting love;
Which over all his kind, as the sun's heaven
Gliding o'er ocean, smooth, serene, and even,
Darting from starry depths radiance and life, doth move:

Leave Man, even as a leprous child is left,
Who follows a sick beast to some warm cleft
Of rocks, through which the might of healing springs is poured;
Then when it wanders home with rosy smile,
Unconscious, and its mother fears awhile
It is a spirit, then, weeps on her child restored.

Man, oh, not men! a chain of linked thought,
Of love and might to be divided not,
Compelling the elements with adamantine stress;
As the sun rules, even with a tyrant's gaze,
The unquiet republic of the maze
Of planets, struggling fierce towards heaven's free wilderness.

Man, one harmonious soul of many a soul,
Whose nature is its own divine control,
Where all things flow to all, as rivers to the sea;
Familiar acts are beautiful through love;
Labour, and pain, and grief, in life's green grove
Sport like tame beasts, none knew how gentle they could be!

el estancado caos del pensamiento
donde nadie ha excavado ya hace mucho,
hasta que el odio, el miedo y el dolor,
sombras que la luz vence, se han marchado,

dejando al Hombre, espejo de mil caras,
que solía deformar lo contemplado,
el mundo tan hermoso de las cosas,
y ahora es mar que refleja solo Amor;
sobre toda su estirpe, como el Cielo del Sol
fundido con el mar, suave, sereno, eterno,
irradiando la vida y la verdad;

dejando al hombre cual niño leproso,
el que sigue a una bestia hacia un sucio refugio
de rocas donde nace la fuente de salud;
y cuando a casa vuelve, rosadas las mejillas,
inconsciente, y su madre un instante ha temido
que sea algún espíritu, pero más tarde llora
porque su niño le ha sido devuelto.

¡El hombre, no los hombres!
La cadena de hilados pensamientos
de amor y de poder que no puede partirse,
sujetando elementos con fuerza irrepetible,
como gobierna el sol, con ojo de tirano,
esa inquieta república como un laberinto
de planetas que pugnan por los reinos del Cielo.

El hombre, alma armoniosa de muchas otras almas,
cuya naturaleza es divino dominio,
cuando las cosas fluyen hacia todo,
como pasan los ríos hacia el mar:
los gestos familiares son bellos por amor;
¡el dolor y el trabajo en la arboleda verde
de la vida han jugado tal como animalillos
domados sin saber que son gentiles!

His will, with all mean passions, bad delights,
And selfish cares, its trembling satellites,
A spirit ill to guide, but mighty to obey,
Is as a tempest-winged ship, whose helm
Love rules, through waves which dare not overwhelm,
Forcing life's wildest shores to own its sovereign sway.

All things confess his strength. Through the cold mass
Of marble and of colour his dreams pass;
Bright threads whence mothers weave the robes their
                                    [children wear;
Language is a perpetual Orphic song,
Which rules with Daedal harmony a throng
Of thoughts and forms, which else senseless and shapeless were.

The lightning is his slave; heaven's utmost deep
Gives up her stars, and like a flock of sheep
They pass before his eye, are numbered, and roll on!
The tempest is his steed, he strides the air;
And the abyss shouts from her depth laid bare,
Heaven, hast thou secrets? Man unveils me; I have none.

The Moon

The shadow of white death has passed
From my path in heaven at last,
A clinging shroud of solid frost and sleep;
And through my newly-woven bowers,
Wander happy paramours,

Su voluntad y sus pasiones más mezquinas,
egoísmo y placer, que son dañinos,
sus trémulos satélites, un espíritu que
no puede conducirnos, pero es orgulloso,
es un barco con alas de tormenta,
que gobierna el Amor a través de las olas
que no se atreven a tragarlo entero,
y así esas orillas salvajes de la vida
se apropian de su ritmo soberano.

Pues todo lo que existe da fe de fortaleza
del hombre. Y a través de fría masa
de mármol y color pasa su sueño,
hilos para tejer la ropa de los niños,
según piensan las madres. El lenguaje es canción
eterna de un Orfeo, que con sabio sonar
gobierna ya ese caos de formas y de ideas,
que sin él no tendrían ni forma ni sentido.

¡Su esclavo es el relámpago; los más profundos cielos
entregan sus estrellas, como rebaños pasan
ante sus ojos, él las cuenta y
ellas siguen fluyendo!
La tempestad se vuelve su corcel,
él cabalga en el aire;
y así el abismo grita esta pregunta:
«Cielo, ¿tienes secretos?
Yo no tengo ninguno y ya lo sabe el hombre».

LA LUNA

La sombra de la muerte blanca pasa
junto a mí, hacia el Cielo,
con su férrea mortaja hecha de hielo y sueño;
y por mis recién hechas y vegetales cúpulas
van vagando felices los amantes,

Less mighty, but as mild as those who keep
Thy vales more deep.

The Earth

As the dissolving warmth of dawn may fold
A half unfrozen dew-globe, green, and gold,
And crystalline, till it becomes a winged mist,
And wanders up the vault of the blue day,
Outlives the moon, and on the sun's last ray
Hangs o'er the sea, a fleece of fire and amethyst.

The Moon

Thou art folded, thou art lying
In the light which is undying
Of thine own joy, and heaven's smile divine;
All suns and constellations shower
On thee a light, a life, a power
Which doth array thy sphere; thou pourest thine
On mine, on mine!

The Earth

I spin beneath my pyramid of night,
Which points into the heavens dreaming delight,
Murmuring victorious joy in my enchanted sleep;
As a youth lulled in love-dreams faintly sighing,
Under the shadow of his beauty lying,
Which round his rest a watch of light and warmth doth keep.

ya menos poderosos, pero tan dulces como
los que pueblan tus valles más profundos.

LA TIERRA

Como el calor del vasto amanecer
se proyecta sobre una hoja verde
y dorada y también muy cristalina,
con rocío algo helado, hasta que se convierte
en una niebla alada y sube hasta la cúpula
del día tan azul, deja atrás a la tarde,
y en el último rayo de sol sobre la mar
vuela como un vellón de fuego y amatista.

LA LUNA

Entre pliegues tú yaces
en esta luz que nunca morirá
de tu propia alegría, con sonrisa del Cielo;
todos los soles, todas las estrellas
derraman sobre ti la luz, vida y poder
que adornan ya tu esfera: ¡tú derramas los tuyos
sobre los míos, ay, sobre los míos!

LA TIERRA

Giro y giro debajo de nocturna pirámide,
que atraviesa los cielos soñando su deleite,
murmurando este gozo y su victoria
en mi sueño encantado; como un joven
arrullado por sueños del amor que él espera,
ahí bajo la sombra de su bella,
protegida por luz y por calor.

The Moon

As in the soft and sweet eclipse,
When soul meets soul on lovers' lips,
High hearts are calm, and brightest eyes are dull;
So when thy shadow falls on me,
Then am I mute and still, by thee
Covered; of thy love, Orb most beautiful,
Full, oh, too full!

Thou art speeding round the sun
Brightest world of many a one;
Green and azure sphere which shinest
With a light which is divinest
Among all the lamps of Heaven
To whom life and light is given;
I, thy crystal paramour
Borne beside thee by a power
Like the polar Paradise,
Magnet-like of lovers' eyes;
I, a most enamoured maiden
Whose weak brain is overladen
With the pleasure of her love,
Maniac-like around thee move
Gazing, an insatiate bride,
On thy form from every side
Like a Maenad, round the cup
Which Agave lifted up
In the weird Cadmaean forest.
Brother, wheresoe'er thou soarest
I must hurry, whirl and follow
Through the heavens wide and hollow,

Como en el suave y dulce eclipse, cuando
alma con alma están en labios del amante,
y se calman los grandes corazones,
y los ojos, brillantes, se oscurecen;
así cae tu sombra sobre mí
y quedo muda y quieta y tú me cubres;
me cubres con tu amor, bendito Orbe,
¡y tú me llenas toda!

Alrededor del sol giras con prisa,
el mundo más brillante de los mundos;
esfera azul y verde esplendorosa
con una luz que es la más divina
entre las luminarias de este Cielo
a las que se otorgó la luz, la vida.
Amante de cristal fui para ti,
transportada contigo por poder
del polar Paraíso, donde se unen
imantados los ojos que se aman.
Ay, yo soy tu muchacha enamorada
y con amor llené mi cabecita,
y obsesionada giro alrededor,
mirando, como la novia expectante,
a tu figura desde cualquier sitio,
tal Ménade que acecha toda copa
que Ágave alzó
en el extraño bosque de aquel Cadmo[16].
Hermano mío, allí donde tú vayas
igual que un remolino he de seguirte
por los cielos abiertos y vacíos,

---

[16] Cadmo era el rey fundador de la ciudad griega de Tebas. Ágave era
hija suya.

Sheltered by the warm embrace
Of thy soul from hungry space,
Drinking from thy sense and sight
Beauty, majesty, and might,
As a lover or a chameleon
Grows like what it looks upon,
As a violet's gentle eye
Gazes on the azure sky
Until its hue grows like what it beholds,
As a gray and watery mist
Glows like solid amethyst
Athwart the western mountain it enfolds,
When the sunset sleeps
Upon its snow —

THE EARTH

And the weak day weeps
That it should be so.
Oh, gentle Moon, the voice of thy delight
Falls on me like thy clear and tender light
Soothing the seaman, borne the summer night,
Through Isles for ever calm;
Oh, gentle Moon, thy crystal accents pierce
The caverns of my pride's deep universe,
Charming the tiger joy, whose tramplings fierce
Made wounds which need thy balm.

PANTHEA

I rise as from a bath of sparkling water,
A bath of azure light, among dark rocks,

y entre tus brazos hallaré refugio,
abrazos de tu alma, tan hambrienta de espacio,
bebiendo de tu vista y tu sentir
la copa de belleza, majestad y poder,
como un amante o un camaleón
que se funden con aquello que admiran,
como el ojo gentil de la violeta
contempla todo el cielo ya de azur
hasta que el cielo cambia su color
por un matiz cercano al que contempla,
como niebla muy gris y muy acüosa
que se convierte en sólida amatista
contra esa montaña occidental,
cuando descansa ya sobre su nieve
esa luz del crepúsculo.

LA TIERRA

Para que así se cumpla
se desvanece el día, está llorando.
Oh, Luna tan amable, la voz de tu deleite
sobre mí se derrama como esa luz tuya,
tierna y clara a la vez, luz que atrae al marino
que navega por islas muy tranquilas
en noches de verano.
Oh, Luna tan gentil, tu acento de cristal
recorre las cavernas
de este hondo universo que es mi orgullo
hechizando a ese tigre del placer,
cuyas garras hicieron las heridas
que tu bálsamo ahora necesitan.

PANTHEA

Me elevo desde un baño con sus chispas de agua,
un baño en el Azur, entre rocas oscuras,

Out of the stream of sound.

IONE

Ah me! sweet sister,
The stream of sound has ebbed away from us,
And you pretend to rise out of its wave,
Because your words fall like the clear, soft dew
Shaken from a bathing wood-nymph's limbs and hair.

PANTHEA

Peace! peace! A mighty Power, which is as darkness,
Is rising out of Earth, and from the sky
Is showered like night, and from within the air
Bursts, like eclipse which had been gathered up
Into the pores of sunlight: the bright visions,
Wherein the singing spirits rode and shone,
Gleam like pale meteors through a watery night.

IONE

There is a sense of words upon mine ear.

PANTHEA

An universal sound like words: Oh, list!

DEMOGORGON

Thou, Earth, calm empire of a happy soul,
Sphere of divlnest shapes and harmonies,

donde ya no me alcanza
esa fuerte corriente del sonido.

IONE

¡Pobre de mí, dulce hermana!
Esa corriente del sonido quiso
dejarnos muy atrás,
y ahora tú pretendes alzarte fuera de
sus olas, porque todas tus palabras
caen como el rocío dulce y claro,
al agitar la ninfa su cuerpo y su melena.

PANTHEA

¡Haya paz! Un Poder inmenso y muy oscuro
se alza de la Tierra, y cae desde el cielo
como llueve la noche y muy dentro del aire
explota, como eclipse en poros de la luz;
son visiones radiantes de cantantes espíritus
que brillaron y pasan como los meteoros
a través de la noche más lluviosa.

IONE

Oigo algunas palabras...

PANTHEA

Sonido universal son las palabras:
¡escucha!

DEMOGORGON

Oh Tú, Tierra, el imperio feliz de almas felices,
esfera de divinas figuras y armonías,

[317]

Beautiful orb! gathering as thou dost roll
The love which paves thy path along the skies:

THE EARTH

I hear: I am as a drop of dew that dies.

DEMOGORGON

Thou, Moon, which gazest on the nightly Earth
With wonder, as it gazes upon thee;
Whilst each to men, and beasts, and the swift birth
Of birds, is beauty, love, calm, harmony:

THE MOON

I hear: I am a leaf shaken by thee!

DEMOGORGON

Ye Kings of suns and stars, Daemons and Gods,
Aetherial Dominations, who possess
Elysian, windless, fortunate abodes
Beyond Heaven's constellated wilderness:

A VOICE FROM ABOVE

Our great Republic hears, we are blest, and bless.

DEMOGORGON

Ye happy Dead, whom beams of brightest verse
Are clouds to hide, not colours to portray,
Whether your nature is that universe
Which once ye saw and suffered —

¡brillante, hermoso orbe! Al rodar tú recoges
el amor extendido por tu senda hacia el cielo.

La Tierra

Ya oigo y soy la gota de rocío que muere.

Demogorgon

Tú, Luna, que en la noche contemplas a la Tierra
maravillada, como ella a ti;
mientras para los hombres, animales y pájaros
sois amor y belleza y armonía.

La Luna

¡Ya escucho: soy la hoja agitada por ti!

Demogorgon

Oh Dioses y demonios, oh reyes de los astros,
Poderes de los aires, que tenéis un Elíseo
afortunado, en calma, más allá de los páramos
constelados del Cielo.

Una voz de la altura

Nuestro Gobierno escucha; pues fuimos bendecidos,
bendecimos ahora.

Demogorgon

Felices sois los Muertos; por vosotros los rayos
de la gran Poesía son nubes que ya os cubren
y no colores para hacer retratos,
incluso si vuestra naturaleza
es todo el universo que visteis y sufristeis.

A Voice from beneath

Or as they
Whom we have left, we change and pass away.

Demogorgon

Ye elemental Genii, who have homes
From man's high mind even to the central stone
Of sullen lead; from heaven's star-fretted domes
To the dull weed some sea-worm battens on:

A confused Voice

We hear: thy words waken Oblivion.

Demogorgon

Spirits, whose homes are flesh: ye beasts and birds,
Ye worms, and fish; ye living leaves and buds;
Lightning and wind; and ye untameable herds,
Meteors and mists, which throng air's solitudes: —

A Voice

Thy voice to us is wind among still woods.

Demogorgon

Man, who wert once a despot and a slave;
A dupe and a deceiver; a decay;
A traveller from the cradle to the grave
Through the dim night of this immortal day:

All

Speak: thy strong words may never pass away.

UNA VOZ DE LA ALTURA

O como aquellos que abandonamos,
pues nosotros cambiamos y morimos.

DEMOGORGON

Oh Genios del lugar, que tenéis casas
y habitáis en la mente del hombre o en el plomo,
moráis tanto en las cúpulas estrelladas del cielo
como en las algas mínimas, alimento de bichos.

UNA VOZ CONFUSA

Oímos: tu discurso resucita al Olvido.

DEMOGORGON

Oh Almas que encarnáis, oh pájaros y bestias,
y gusanos y peces, y hojas y eternas flores;
relámpagos y vientos; y el rebaño indomable
de nieblas y meteoros, en soledad del aire.

UNA VOZ

Como el viento es tu voz en bosques muy tranquilos.

DEMOGORGON

Hombre, que alguna vez fuiste rey y un esclavo,
tú que fuiste a la vez timador y timado;
viajero de la cuna hasta la tumba
a través de la noche de este día inmortal.

TODOS

Habla, pues tus palabras jamás han de morir.

Demogorgon

This is the day, which down the void abysm
At the Earth-born's spell yawns for Heaven's despotism,
And Conquest is dragged captive through the deep:
Love, from its awful throne of patient power
In the wise heart, from the last giddy hour
Of dread endurance, from the slippery, steep,
And narrow verge of crag-like agony, springs
And folds over the world its healing wings.

Gentleness, Virtue, Wisdom, and Endurance,
These are the seals of that most firm assurance
Which bars the pit over Destruction's strength;
And if, with infirm hand, Eternity,
Mother of many acts and hours, should free
The serpent that would clasp her with his length;
These are the spells by which to reassume
An empire o'er the disentangled doom.

To suffer woes which Hope thinks infinite;
To forgive wrongs darker than death or night;
To defy Power, which seems omnipotent;
To love, and bear; to hope till Hope creates
From its own wreck the thing it contemplates;
Neither to change, nor falter, nor repent;
This, like thy glory, Titan, is to be
Good, great and joyous, beautiful and free;
This is alone Life, Joy, Empire, and Victory.

Este es el día, que al abismo baja
creado para toda tiranía,
despotismo del Cielo y Conquista que cae
cautiva a lo profundo:
el Amor, desde el trono que se alza
en el corazón sabio, supera el sufrimiento
y sube desde el borde de la angustia
y despliega sus alas curativas y abraza
este mundo, este orbe.

Y la Amabilidad, y la Sabiduría,
la Virtud y Paciencia son los sellos
de la seguridad siempre tan firme
que impide fuerzas de la Destrucción;
y si la Eternidad, con mano ya no firme,
la Madre de los actos y las horas,
liberara a la sierpe y esta la amenazara,
tenéis aquí el conjuro con el cual obtendréis
poder sobre el destino desatado:

sufrir tanto que piense la Esperanza
que nunca acabará ese sufrimiento;
perdonar los errores, que suelen siempre ser
más oscuros aún que la noche y la muerte;
desafiar al Poder, que tan fuerte parece;
amar y soportar una vez y otra vez;
y tener esperanza en que hará la Esperanza
con su propia ruïna todo lo que pretenda;
ni cambiar, ni dudar, ni arrepentirse;
en tales cosas, sí, Titán, consiste,
como tu gloria, el ser bueno, grande, feliz,
y sobre todo libre; solo en esto consisten
la Vida y la Alegría, el Imperio y el Triunfo.

ÍNDICE